中公新書 2764

坂牛 卓著

教養としての建築入門

見方、作り方、活かし方

中央公論新社刊

まえがき

東京スカイツリー、大阪あべのハルカスの高さに目を見張り、東京駅丸の内駅舎の歴史と意匠に心が動かされる。京都の神社仏閣や金沢21世紀美術館を訪ね、非日常を味わう。

建築は私たちの生活を支え、そして豊かにする、欠くことのできないものとなっている。人類の生活空間を形成しながら、学問分野として、また産業として発展してきた「建築」。本書は、建築を基礎から学ぶための入門書である。

とはいえこれから、専門的な建築概論を述べていくわけではない。本書は、建築の勉強を志す初学者や建築をなりわいとする人、そして建築を見て楽しむ一般読者が、これ一冊を読めば誰でも「建築」について一通りのことがわかる、ということを目指した。全体像を描くために、三つのアプローチを手がかりとしたい。まず、「使用者・観賞者」の視点。次に、建築を設計する「建築家」の視点。そして、建築が存在する「社会」の視点である。

第一部の「観賞論」では、使用者・観賞者にとっての建築を二つの側面から検討する。一つは自分の勉強や仕事を快適にこなすための「機能の器」としての側面。もう一つは美術館や図書館、あるいは旅先のホテルや名所旧跡、心を癒す自宅など、「美の器」としての側面である。第1章で前者の機能面を、第2章で後者の美学の側面を探求する。そして第3章で、建築を何かに見立てて理解する「アナロジー」という方法を紹介し、より深い理解へいざなう。

第二部の「設計論」で主人公となるのは、建築を設計する「建築家」である。安藤忠雄《あんどうただお》や隈研吾《くまけんご》の名前を聞いたことがある人は多いと思う。建築は、建築家たちがデザインした設計図をもとに、施工者が工事することで完成する。設計図とは、生命でいうところのＤＮＡである。第4章では、建築の設計とはどういう行為なのかを説明する。第5章では、設計するために必要な建築家の理念を探る。続いて第6章で図面や模型をもとに設計するプロセス、第7章で実物ができつつあるときに反省するプロセスを解説する。こうして作り手の思考も鮮明になるだろう。そして第8章では職業としての建築に注目し、建築家になる道筋、かれらの見方を紹介する。

第三部の「社会論」では、建築と社会の関係を考えてみたい。新国立競技場が作られたとき、神宮の森の木の伐採が社会問題となった。このように建築とはそれ自体で完結するものではなく、社会と密接な関係をもつ。第9章では建築に映り込む世相について、第10章では社会や人が建築に及ぼす影響を考える。第11章では、建築と政治プロパガンダ、経済活動の関係を論じる。

そして終章では、「観賞」「設計」「社会」という三つのアプローチがどのように作用して建築が生まれ、変容するかをまとめる。

建築は、工学、美学、社会学などが織りなす、包括的な存在である。全体像を描くために、基礎から始めたいと思う。

目次

第2章　美の器 —— 39

DTP・市川真樹子

教養としての建築入門

見方、作り方、活かし方

序　章　建築の歴史

日本の建築史

日本建築はどのように始まったかと問えば、縄文時代の竪穴住居が思い浮かぶのではないだろうか。小学校の社会の教科書で見た写真を思い出すかもしれない。狩猟生活をしていた縄文時代後期、日本人は米作を学び、定住するようになる。弥生時代には、米の保存にも優れた高床式の住居を発明した。その形態は土器がそうであったように、縄文時代に比べて簡素で洗練されていた。

三世紀頃から、日本全国に古墳が多く作られるようになった。古墳とは豪族や天皇など権力者のお墓である。この時代は、前方後円墳と呼ばれる独自な形をした墳丘墓が多くつくられたため、古墳時代と呼ばれる。墓石も古墳も一般に日本の建築史では扱わないが、エジプトのピラミッドをはじめ海外では墓地や墓石を建築史で扱う場合が多い。

七世紀後半から律令政治が始まり、藤原京、平城京、平安京という都が奈良、京都に作られ、仏教が伝来し、宗教建築として寺院ができる。また、貴族が住む住宅として寝殿造《しんでんづくり》と呼ばれる、中央の寝殿の両翼、ときとして北側に対屋《たいのや》を置く住宅スタイルが生まれた。しかし残念ながら、寝殿造は現代に残っていない。

その後、武士が世の中を統治する鎌倉、室町時代になるが、武家は公家の寝殿造に代わる新たなスタイルを生み出すことなく、寝殿造を踏襲した家に住んだ。しかし、部分的な改良が加えられている。床、違い棚、付書院の構成を客間に取り入れた、書院造である。これが武家住宅のスタイルとなった。

戦国時代の終わり、信長や秀吉、家康が天下をとる時代に発明された新たな建物スタイルはお城である。天守ははるか遠く街全体を見渡す高さがあり、街のランドマークとなった。天守を戴くお城は、世界的に見ても独自の造形を持った建造物である。

江戸時代が終わり、明治維新を迎えた日本は、文化、政治、経済が一変する。建築も大きな変化を遂げ、文明開化という名の「西洋化」をたどる。日本建築的なものは後景化し、西洋建築が前景化する。他の学問分野同様、西洋から（建築の場合はおもにイギリスから）教育者として建築家が招かれ、木の建築に代わるレンガや鉄骨、コンクリートなどを使う建築を教えた。もちろん、昨日まで木で作っていた建築が今日からすべて新しい材料に取って代わられることはなく、擬洋風建築と呼ばれる、西洋風を模した建築が過渡的に生まれた。築地ホテル館や、松本の開智学校などがその類いである。

さて時代が大正時代の終わりに差しかかる頃、大きな建築、あるいは公共建築の多くは新たな建材（コンクリート・鉄・ガラス）に移り変わる。しかし、木によって育《はぐく》まれた日本文化は、人びとが暮らす住宅建築を中心に今に至るまで継承されることになる。

ここまで、日本の建築の歴史を大づかみで見てきたが、世界の建築の歴史はどうであろうか。建築はキノコのようなもので、その土地の風土に根ざして生まれ、成長する。だから世界建築史を描くとなれば、この日本建築史に相当する説明を国の数だけ書くことになってしまう。そこでとりあえず、西洋ではどのような変遷をたどってきたのかを見ていこう。

西洋の建築史

西洋建築史の教科書をひもとくと、始まりは古代エジプトのピラミッドだと最初にあげられることが多い。古代文明の統治者が自らの政治権力を誇示するために作った巨大建築が、記念碑として歴史に残っているからだ。日本では巨大古墳が、平城京など都を治めた天皇の墓として現代にも残っているのと同様である。

エジプトの次に描かれるのは、ギリシアの神殿、そしてローマ時代の建築である。地震大国の日本の建築はたいてい木造であるのとは違い、西洋では石造建築が多く作られ、地震が少ないこともあり、二〇〇〇年以上の風雪に耐えて各地に残っているのだ。例えばローマのコロッセウムは、西暦八〇年に作られた。日本でこれほど古い建築は残っていない。

　中世に入るとゴシック建築と呼ばれる、天にも届く、高さを追求した建築スタイルが生まれる。二〇一九年に火事で半焼したパリのノートルダム大聖堂や、一五七メートルの高さをもつドイツのケルン大聖堂などはゴシック建築である。ケルン大聖堂は奇しくもクフ王のピラミッド（完成時一四六メートル）とほぼ同じ高さだ。人間が作った高層建造物は数千年前以来、古代エジプトのピラミッドが最高を記録しつづけ、中世にやっと上書きされ、以降二〇世紀までは更新されなかったのだ。

　さて一五世紀になると、ルネサンス文化がイタリアで勃興して、ゴシック建築は忘れ去られ、ギリシア、ローマを再興し建築を神から解放する運動が興こる。しかし、新しい建築が生み出されたのではなく、ルネサンス建築はギリシア・ローマ建築の新解釈であった。やがてイタリアやフランスで富を築いた絶対王政は、バロック、ロココという曲線を多用した華やかなスタイルを発明した。しかしこの建築もルネサンス建築、つまりはギリシア・ローマ建築のバリエーションに過ぎなかった。

　一八世紀末になると、華やかさの象徴であったフランスのルイ王朝は市民革命で排除され、そこから簡素を尊ぶ建築スタイルが誕生するが、これも新しいスタイルではなく、再びギリシア・ローマ建築が招来されたわけだ。「バロック、ロココの前に戻れ」という意味での、新古典主義である。

そしてこの質素とシンプルを尊ぶ考え方が、産業革命、科学的知性に後押しされた合理性、機能性を追求するスタイルへと変容する。装飾のない幾何学的な箱建築が一九世紀以降に登場。モダニズムと呼ばれるスタイルとなる。モダニズムは建築史における革新であった。東京駅丸の内駅舎のように、明治日本の最初期に移入された建築は西洋の古典的なスタイルだった。しかしそれはほんの束の間で、その後に日本を覆ったのは、モダニズムという装飾のない幾何学的な箱建築であった。

丸・三角→四角

右のように日本と西洋の建築史をそれぞれたどってきたが、共通する事柄が一つある。それは二〇世紀入るまで、建築の屋根はたいてい三角か丸であったことだ。じつは、屋根の設計は木造でも石造でも力学的に難しい。木造の場合、三角に木を組んで力学的に強さを持たせて屋根を作る（図序－1）。三角屋根は雨を防ぐのにも都合がよい。ギリシア神殿は壁や列柱は石積みだが、屋根は木造であり、その形が列柱の上に三角形となって現れている。

図序－１　「伊勢神宮御稲御倉」　伊勢

図序－２　「パンテオン」　ローマ、２世紀

他方で、お椀を逆さまにしたようなドーム状の屋根は、レンガやコンクリートで作られている。ローマのパンテオン（図序－２）や、ヨーロッパの教会の天井の多くはこの逆お椀型であ

図序－3　**ミース・ファン・デル・ローエ「ファンズワース邸」**　イリノイ、1951

る。そしてこの逆お椀型の屋根も、雨を周囲に流すには優れた形なのである。

　ところが二〇世紀になると、コンクリートに鉄筋を入れて強度を増す技術が開発された。加えて防水技術も進んだ。新しい技術を手にした人類は、屋根を平らにすることを発明する。そして屋根の上を屋上として使うことを考えた。つまり、一九世紀まで三角や丸だった屋根は、二〇世紀になって平らになり、四角い建築が生まれたのである。

　二〇世紀の世界建築を牽引《けんいん》した人物として、ル・コルビュジエがいる。スイスの田舎町ラ・ショードフォンで生まれ、パリに出て活躍した建築家である。彼は豆腐のような四角い建築を量産した。パリだけではなく、ヨーロッパ各地、ラテンアメリカ、そして日本にも作った。ドイツとアメリカで活躍した建築家ミース・ファン・デル・ローエは、同様に鉄骨を使って四角い箱を数多くデザインした（図序－3）。鉄骨の箱はその後世界の高層建築の原型となった。

箱建築を哲学的に考えてみる

丸・三角から四角くなったというのはモダニズム建築の特徴の一つだが、ル・コルビュジエ率いるモダニズム建築のもう一つの大きな特徴は、装飾がなくなったことである。想像してみよう、フランス人のル・コルビュジエが活躍する前の時代、パリにどんな建築があったのだろうか。有名なのはルイ王朝のベルサイユ宮殿（図序－4）である。

このルイ王朝のお抱え建築家に、クロード・ニコラ・ルドゥーという人がいた。ル・コルビュジエ建築の起源はルドゥーであると、オーストリアの建築史家エミール・カウフマンは書いた。彼は『ルドゥーからル・コルビュジエまで——自律的建築の起源と展開』という本を一九三三年に著した。ここでカウフマンは、ルイ王朝の仕事とは別にルドゥーがこっそりと描いていた建築図（図序－5）に注目する。それはベルサイユ宮殿のように煌《きら》びやかな装飾が施された建築ではなく、無装飾で幾何学的な無味乾燥な建築だった。装飾というのは往々にして、その背景に伝説や物語がありそれぞれ意味があるものだ。だから建築の装飾を

図序－4　「ベルサイユ宮殿」 パリ郊外、1682

図序－5　クロード・ニコラ・ルドゥー「河川管理人の家」

見ればそこに隠された、あるいは託された意味が読み取れる。

これに対して無装飾で幾何学的な建築は、外部から意味の補強をされない。現前するものだけがその建築を成立させるのだ。その意味でルドゥーの建築をカウフマンは、「自律的建築」と呼んだ。そして自律的建築が生まれた背景に、イマヌエル・カントの自律の哲学があったと述べる。そうして生まれた無装飾な箱が二〇世紀を代表する建築家ル・コルビュジエに受け継がれ、モダニズム建築の源流になったと結論づけるのである。

自律的建築と他律的建築

まとめると、装飾が施された建築には意味が付着していたけれど、のっぺりした無装飾建築は意味の感じ取れない無味乾燥なものである。カウフマンはそれを自律的と呼んでモダニズムの特徴としたのである。しかし二〇世紀半ばを過ぎると、人びとはそんなのっぺり建築に愛想を尽かすようになる。ここで登場したのがポストモダニズム(モダニズムのあと)建築である。

ポストモダニズムという言葉は建築に端を発し、哲学、社会学、文学、その他およそすべての文化的ジャンルの変化を説明する言葉として世界的に流行した。建築に限らず、近代が目指した科学的で合理的な社会に対する反省が、すべての分野で始まったのである。建築で

図序－6　ル・コルビュジエ「ロンシャンの礼拝堂」　フランス、1955

はまずのっぺり建築が攻撃された。攻撃の先頭に立ったのはアメリカに生まれイギリスで活躍した建築史家チャールズ・ジェンクスである。彼はのっぺりした無装飾な箱建築は意味が一つしか読み取れない、箱は箱でしかないと言って批判した。

それに対して、シドニーのオペラハウスやル・コルビュジエ晩年の作品であるロンシャンの礼拝堂（図序－6）などは、意味の多重性があるから人間の想像をかき立てる点で素晴らしいと褒めるのである。例えばオペラハウスはヨットの帆にも見えるし、貝殻にも見えるから、豊穣な想像力の萌芽を秘めていると言って称揚するのだ。

箱建築が自律的建築であるとするならば、自らの外からその意味を引き込む建築は「他律的建築」と呼ぶことができる。そしてジェンクスの箱建築批判のあとに建築はどのように変化したかと

図序－7　隈研吾「M2ビル」 東京、1991

いうと、再び古典が見直され、昔のスタイルがリバイバルするのだ。ギリシア神殿の柱を建物につけてみたり（図序－7）、さまざまな装飾を施された。しかしこの他律的建築への注目は長続きせずに終わってしまった。

とはいえ他律性の考え方自体は消滅せず、二〇世紀末に新しい他律性としてエコロジーの波が建築界に押し寄せる。エネルギー、地球環境の問題が、建築とともに語られる。

二一世紀に入ると、建築は他の学問分野の影響を受けてさらに変化する。例えば文化人類学における「多自然主義」と呼ばれる視点は、環境問題への関心とあいまって建築を自然から見るという新たな視点を提示している。

また一方で哲学の新たな潮流である「新唯物論」は、建築がこれまで人間中心主義に加担してきたことに対する反省的視点を提示する。建築は石ころのような、人間が不在でも地球の一部として存在するものと見る考えも生まれてきた。そうした視点の延長上に建築の自律性が再度、建築考察の対象になっている。こうした現代建築の最前線も本書で紹介していきたい。

第一部　観賞論――建築の見方

第一部では、まず建築を観賞するための二つの視点、「機能の器」と「美の器」を説明する。次に建築を別のものに見立てる、アナロジーの見方を紹介する。

第1章　機能の器

1　用・強・美（建築の三原理）

建築は人が使うことを前提にした器である。だから使いやすくなくてはいけない。さらに地震や台風で壊れてしまっては困るので強くなければならない。加えて、建築は人びとの住む環境を形成する芸術作品でもある。だから美しくなくてはならない。

最古の建築書

「用・強・美」という建築の三原理を編み出したのは、ローマ時代の建築家ウィトルウィウスである。彼は一〇巻にわたる『建築書』を著し、皇帝アウグストゥスに献納した。これは現存する最古の建築書であり、言うなれば建築の聖書のようなものだ。

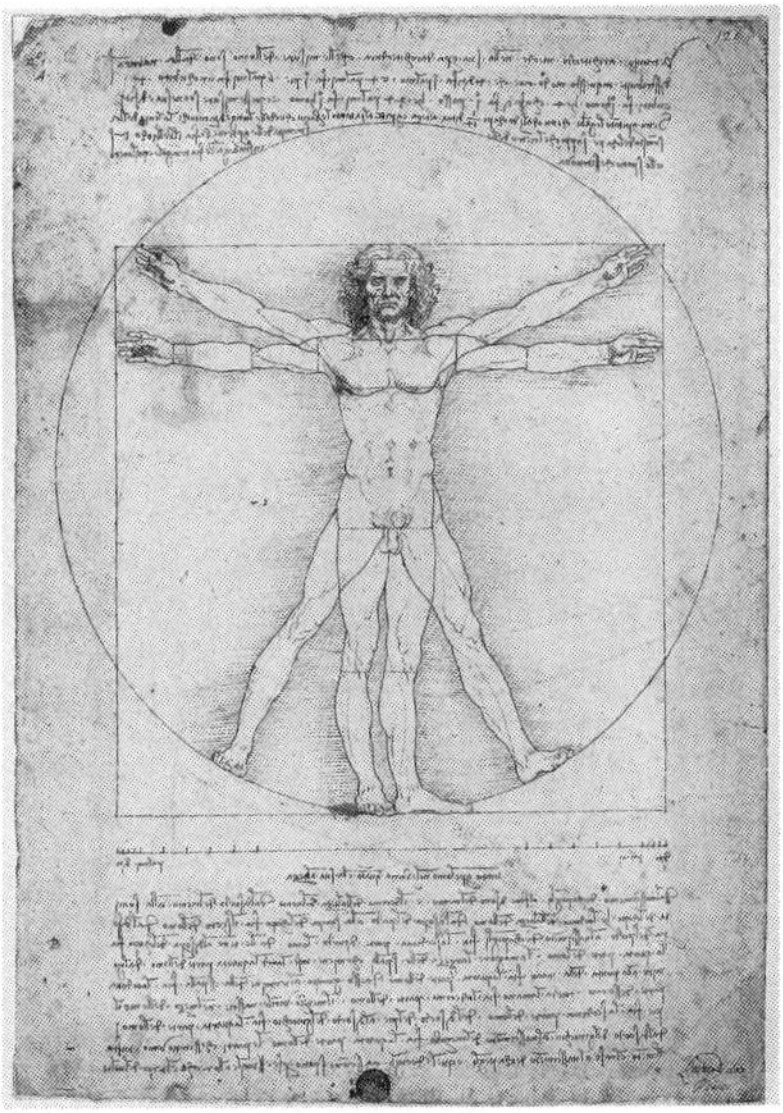

図1−1　レオナルド・ダ・ヴィンチ「ウィトルウィウス的人体図」　1487頃

彼の建築書は、書かれた当時よりも後世に大きな影響力を持ったと言われている。とくにルネサンス期にはすべての建築家必携の書となり、その後ほとんどすべてのヨーロッパの言語に翻訳された（図1−1、ダ・ヴィンチはウィトルウィウスの『建築書』の内容を人体図に表した）。日本語翻訳は、京都大学教授だった森田慶一によってなされている。

ウィトルウィウスの『建築書』に記された「用・強・美」が二〇〇〇年以上たった今も頻繁に引用され、変わらず建築の原理原則だと言われていることは興味深い。そしてその分類と三原理それぞれの重要性は、大学の教育にも表れている。

建築学科は一般的に工学部に属している。美術学部や家政学部にもあるが、その数は少ない。工学部の建築学科の教育分野は大きく三つに分かれている。一つめは建築の設備や環境の分野、二つめは建築の基礎や柱梁《ちゅうりょう》などの構造の分野、三つめは建築の意匠、計画、歴史の分野である。これら三つの分野と用・強・美の関係を見てみよう。

一つめの設備や環境の分野は、使う人の使用に関係することなので、これは「用」に分類される。二つめの構造の分野は、建物の強さに関係するので、「強」に属する。そして三つめの意匠の分野は「美」に、計画は「用」に、歴史は「美あるいは用」に分類される。美術学部では美に、家政学部では用に重点が置かれそうなものだが、建築を学ぶ大学生は皆、三分野を包括的に学ばなければならない。建築学科を卒業した学生たちは、建築士になるために、三分野がくまなく出題される国家試験に合格しなければならないからだ。

つまり現代建築を作り上げるための学問の根底には、用・強・美という原理が行き渡っており、変わらずとても重要なのだ。ウィトルウィウスから二〇〇〇年を過ぎても四つめの原理が現れないのが、むしろ不思議なほどである。そのくらい建築というものは、長い歴史のなかで大きな変化がなくゆっくり進んでいる人間の営為と言えるのかもしれない。それでは、用・強・美のなかでも最初の二つである用と強について、もう少し詳しく見てみよう。

建築のトリセツ

建築の設計では、設計図に基づいて工事が行われ、建物が竣工したのちに、いくつかのルーチン作業がある。一つは、役所、設計事務所、クライアントが行う「検査」である。建築に限らず何かを作るとき、検査をするのは世の常である。そして検査が無事終わると、施工者はその建物を発注者に引き渡す。建物の管理責任は、工事中は施工者にある。よってその間、火事でも起ころうものならその責は施工者にある。しかし管理責任は、工事の終了とともに発注者に移管される。

引き渡しの儀式のとき、書類捺印以外に行うもう一つのイベントがある。建築のトリセツだ。建物にはさまざまな電気や機械の設備がついている。明るさや色の変わる照明から、空調機、除湿機、床暖房、風呂給湯機、調理器具などである。それらの説明書は膨大にのぼり、半日かけて説明を受けたところで、忘れてしまうのがオチであろう。

そうした家電製品の二〇も三〇も続く説明を、発注者がその場ですべて理解するのは困難だが、建築のトリセツというイベントを経てやっと、建物は発注者に引き渡されるのだ。建築にトリセツがあることはいわば建築が電化製品化してきたことを象徴する。利便性を追求する二〇世紀的な現象である。

巨大建築も同様である。二〇世紀になって高層建築ができるようになったのは、鉄骨や鉄筋コンクリートなど強固な材料が使えるようになったという理由のほかに、エレベーターや空調機という設備機器の発明が欠かせなかった。エレベーターがなければ建物は高くできなかったし、空調機がなければ建物は広くできなかったからだ。

私たちの日常は、昭和のなかばで三種の神器（冷蔵庫、洗濯機、掃除機）によって飛躍的に便利になり、その後、3C（カラーテレビ、カー、クーラー）によってさらに快適になった。電化製品による利便性は、建築のなかにもたえず導入され続けてきた。「用」に分類される設備の研究、開発の賜物である。

地震・火事・風・水害

「用」の次は「強」について。建築学科に入学する学生のほとんどはかつて、用・強・美のなかで美を学びたくて入ってきた。建築とはデザインだと思っている学生が大半だったからである。しかし美を極めるのはなかなか難しく、用や強の奥深さを知り、研究テーマを変えることも多い。こうして、学生の進路はおのずと三等分されていた。しかし昨今、地震災害を身近に経験して育った学生たちは、最初から「災害に強い建築を作りたい」と言うようになった。

壊れない建築を学ぶためには、建物が壊れる原因を知らなければならない。一言で言い切れるものではないが、日本では、地震、火事、台風による風害・水害が主要な崩壊原因にあげられよう。

しかしそれら以外にもいくつかの原因はある。例えば、建物の老朽化である。環境の厳しいところでは、朽ち果てにくい素材が選ばれる。また、戦時における爆撃や車が突入して建物が大破する事態を想定することもある。こうした事態は稀だが、政府関係の建物は攻撃を想定したうえで、壁の厚さを検討する。ガソリンスタンドを囲う壁がとても厚いコンクリートでできているのは、そうした不慮の事故を防ぐためである。

さて地震、火事、風害、水害と建築の関係を見てみよう。学術領域で言えば、地震と風害を扱うのは構造であり、火事を扱うのは防災、水害を扱うのは土木（河川、堤防、ダムなど）の分野である。

まず、地震と風害を扱う構造について。これら二つの災害に共通することは建物の外部から建物に強力な力が加わる点である。

地震とは地面が揺れる現象だ。地震対策は、三つの方法がある。一つは揺れに対抗する耐震という考え方で、すなわち建物を頑丈に作ること、建物の柱や梁《はり》を強い材料で堅固に作る方法である。

ほか二つの方法は、ここ数十年で画期的に前進した免震と制振である。前者の免震は、建物と最下部の基礎との間や建物の階の中間に積層ゴムやダンパーなどの装置を噛ませることで地震力を低減する（図1－2）。積層ゴムは水平方向に柔らかいため地震力を低減し、ダンパーは地震の振動エネルギーを吸収するので、建物自体を必要以上に頑丈にする必要がなくなる。後者の制振とは、建物の複数箇所に制振ダンパーという力を吸収する装置を設置することで、揺れそのものを吸収して止めるものである。

風害は地上を通り抜ける強い空気の流れが建物を押し倒したり、巻き上げたりする災害だ。地震は下から力が加わるが、風は横や上から力が加わるので、建物への作用は異なる。しかし考え方は地震対策と同様である。壁や屋根を堅固に作る、あるいは加わる力をダンパーで吸収するという方法をとる。

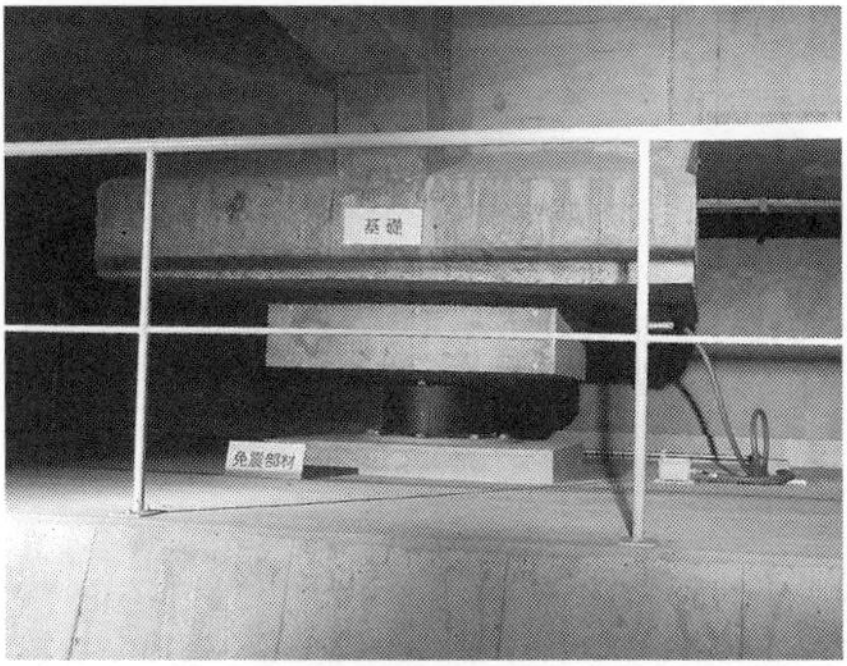

図1－2　「西洋美術館免震装置」　東京、1998年

火事は木造建築の多い日本では頻繁に起こる災害である。木造密集エリアで家屋が全焼、といった悲惨な映像も目にする。都会の家屋が密集する、延焼の危険性がある場所では、建築基準法をもとに外壁を燃えない材料で作ることが義務づけられている。しかし建築年の古い既存不適格と呼ばれる建物がある。昔は問題なかったが現行法では違法となっている建物であるが、改修の義務はないとされる。だが迫りくる危険を考えれば、木造密集

エリアにたいする超法規的な防火対策と支援を、行政は検討する必要があろう。

水害はどうか。東日本大震災の津波の映像を記憶している方も多いだろう。水の力は、津波はもとより、河川の氾濫なども、強大ゆえに甚大な被害をもたらす。水害に対処するためには、建築は土木分野の治水対策などと一体となって考えていく必要がある。役所が作るハザードマップに示される範囲が水害の危険性が高い場所である。防災の原則は「危ない地域に暮らさないこと」だという言葉があるが、今ある生活を尊重しつつ、危険を低減していくのはそれほど簡単ではない。

以上、本節では建築を見る上での補助線として、「用・強・美」という建築の三原則を紹介した。なかでも「機能の器」を語る上で重要なのが、用（設備や環境）と強（構造）である。次節では、本章の章題である「機能」それ自体にフォーカスして、多角的に機能とは何かを考えてみたい。

2 形態は機能に従う

海上に浮かぶ東京湾横断道路の換気塔「風の塔」を筆者が設計したとき、当時東京藝術大学の学長だった平山郁夫《ひらやまいくお》さんに意見を聞くことがあった。三〇分ほどの面会のなかで、平山さんから「機能的に作りなさい。戦艦大和が美しいのは機能的だからだ」と言われたことが記憶に残っている。

植物の生成

図1－3　ルイス・サリヴァン「カーソンピリースコット百貨店」　シカゴ、1906

本節のタイトル「形態は機能に従う」（Form follows function）というアフォリズムを二〇世紀初頭に発したのが、アメリカの建築家ルイス・サリヴァンである。平山さんのアドバイスを彷彿《ほうふつ》とさせる言葉だ。つまり、機能に則して形を作りなさいという教えに思われる。しかし、じつはサリヴァンの本意は少し別のところにある。

サリヴァンは植物の成長からヒン

図1－4　フランク・ロイド・ライト「帝国ホテル」 東京、1923（1968年玄関部のみ明治村に移築）

トを得ていた。植物の部位はその役割に則して形作られる。だから建築の形も、植物のように各部位の役割に則しておのずと生まれ出ると考えた。彼が「機能」と呼んでいたものは、「宿命」あるいは「摂理」とも言い換えられる。サリヴァンの建築にはテラコッタ（素焼きの焼き物）や鉄で作られた植物の装飾が壁面に付けられていることが多い。植物の持つ生成の宿命への敬意が表されているのだ（図1－3）。サリヴァンの考え方に影響を受けたのは、弟子のフランク・ロイド・ライトである。ライトもまたさまざまな装飾的なパターンを使用した。ライトがデザインした帝国ホテルは、随所に装飾的な加工が施されているのがわかる（図1－4）。

機能と聞くと、使いやすさを優先したすっ

図1－5　オットー・ワーグナー「郵便貯金局」　ウィーン、1912

きりとした非装飾的なデザインを想起しがちだが、ここで紹介した機能はむしろ装飾性につながっている。

機能主義

一方、「機能主義」という言葉がある。イギリスの建築史家ニコラウス・ペヴスナーが編纂した『世界建築事典』（一九七五年）で、「機能主義」は次のように説明されている。建築家やデザイナーの義務とは、機能を果たす建物をデザインすることであり、美学的な理由がその建物の目的を邪魔してはいけない、という信条であると。

この考えを最初に宣言したのは、ウィーンの建築家オットー・ワーグナーである。ワーグナーはウィーンの郵便貯金局（図1－5）

の設計者であり、当時ウィーン美術アカデミーの建築学科教授であった。彼は著書『近代建築』（一八九五年）のなかで「実際的でないものは美しくない」と宣言して、建物には目的がありそれに合うように作らなければならないと述べた。今聞くと普通のことと思えるが、当時は革命的な宣言だった。目的に沿ったデザインを目指すという意味で、合目的主義と言い換えることもできる。

しかし「機能」という言葉が建築で使われ始めた一八世紀半ば、機能の意味はワーグナーの言う「人間の目的を達成する性能」ではなかった。当初、その概念は数学の関数（function）から借用された。建築の部位の性能を力学的な関数として定義するためである。例えば、ある柱の機能とは、その柱が支える建物の範囲、支える荷重、その関数として決まる強度をさしたのである。

それが一九世紀の終わりくらいから、人間が建物に与えた目的との関係で、その目的を遂行する能力をさす言葉に変化した。これは建築がより人間中心主義へと移行し、とりわけ近代という時代のなかで人間の道具へと変化してきたことの現れと見てとれよう。

風の塔

さて本節冒頭で触れた東京湾横断道路の換気塔の話をしてみたい。この換気塔は、長さ一五キロに及ぶ東京湾横断道路の海底トンネルの真ん中付近にある。トンネルに貫通するかたちで、川崎沖五キロの海上にある直径二〇〇メートルの無人島に建つ二本の塔である（図1－6）。羽田空港に着陸する飛行路の真下にあるので、機内や羽田空港から見たことがある人がいるかもしれない。また、映画『シン・ゴジラ』の冒頭に登場してゴジラに壊されそうになりながら壊されなかったシーンを覚えている方もいるだろう。

図1－6　**日建設計「風の塔」**　川崎（東京湾）、1997

筆者は一九九〇年にこの建物の設計を始め、九七年に完成した。日建設計というスカイツリーなどを設計した、日本最大の設計事務所で当時この仕事をしていた。最初にクライアントから依頼されたことは、海底トンネルを換気するだけの機能的な塔ではなく、東京湾上にモニュメントを作ってほしいというものだった。できればニューヨークの自由の女神のように、という要望もついていた。この依頼には少々困ってしまった。自由の女神のような物語性のあるモニュメントは、物語がないと作りようがないからである。

そこで考えついたのは物語の代わりに、純粋な合目的性＝機能主義が生み出すモニュメントを作ろうということだった。換気塔の目的は換気をすることだ。換気能力がもっとも高い換気塔とはどういうものかを考えた。そこでヒントになったのは洋上を流れる風である。東京湾には北北西の風が多く吹くことがデータからわかっていた。そこでこの風を利用して、換気効率を上げる方法を考えた。塔を二本立て、その間を風が吹き抜けるように配置し、狭いところを通り過ぎるときに風速が上がり気圧が下がるという法則（ベルヌーイの定理）を活用した。そこに排気口があれば、地下の排気が気圧の低い地上に誘引される。こうして生まれた換気塔は自由の女神にはならなかったが、機能一点張りではない、美しいモニュメントとなった。

話を平山さんの言葉に戻そう。機能的に作ればおのずと美しくなるという教えである。換気塔の設計はその教えに従ったともいえる。しかし本当に、美しさは機能性からしか生まれないのだろうか？　丹下健三《たんげけんぞう》はその昔、「美しいもののみ機能的である」と述べた。機能性より、美しさを前面に押し出した力強い言葉である。私としては美が機能からしか生まれないという言い方は、機能は美からしか生まれないという言い方同様極端に思える。二つには因果関係はないと思っている。

本節では「機能の器」としての建築を取り上げて、機能とは何かを論じ、また機能と美しさの関係を見てきた。機能の器を作り上げるためには科学的な裏づけが必要である。次節では、具体的な事例から眺めてみよう。

3　建築の科学

壁の厚みとカーボンニュートラル

「カーボンニュートラル」という言葉がある。二〇二〇年、菅義偉首相は所信表明演説で二〇五〇年までにカーボンニュートラルを目指すことを宣言した。建築的に言い換えると、建物で消費するエネルギーを最小限にして、太陽光発電などを全面的に利用し、エネルギー消費量と生成量をバランスさせることである。エネルギーの消費を止める効果的な方法の一つは、断熱性能を上げることである。

私たちが住む住宅を例に挙げるとわかりやすい。木造住宅というのは一〇センチ角ぐらいの柱を建て、その柱の外側にはセメント系のパネルや金属板を貼り、内側には石膏ボードや木を貼って仕上げる。外壁と内壁の間には、柱の幅一〇センチ分の空間に断熱材を入れて建物からエネルギーを逃さないようにしている。断熱材にはおもに三種類ある。一つはグラスウールという、ガラス繊維の綿材。次はポリスチレンフォームと呼ばれる、発泡スチロールのようなもの。そしてウレタンフォームという、吹き付け材である。一般には値段の安いグラスウールがよく使われる。柱の幅は一〇センチ程度だから、そこに入れるグラスウールの厚みも一〇センチというのが今までの常識だった。

しかしこの厚みではエネルギーの損失が大きいということがわかってきたので、近年筆者が手がけた建物では壁を厚くして二〇センチの断熱材を入れて設計した。この建物の電気代を調べると、普通の断熱材量の場合に比べてかなり少ないことがわかる。予算の関係でこの建物には太陽電池は載せていないが、いつか屋根上に載せられるように設計しているので、そうなればカーボンニュートラルを実現できる。壁の中や屋根の中は建築にとっては皮下脂肪にあたるが、建築には皮下脂肪がことのほか重要なのである。

換気とウィルス

二〇〇三年に建築基準法が改正された。トイレなどの換気扇は二四時間付けっぱなしにしておき、汚れた空気を排気し、新鮮な空気を吸気口から取り入れることが義務づけられた。それにより、居間や寝室などでは一時間あたり部屋の空気の半分が新しく入れ替わるようにする基準が示された。法改正は新建材や接着剤に含まれるホルムアルデヒドなどの有害物質が空気中に揮発して、人体に悪影響を及ぼすことが問題視されたことに端を発する。そこで建材などの規制がまず始まり、有害物質の混入を禁止したわけだ。加えて、二四時間の換気が義務づけられた。

それから二〇年弱を経て、新型コロナウィルスのパンデミックが世界を襲った。そして二〇二二年に厚生労働省は一時間に半分の空気の入れ替えという法律ではウィルス感染の危険が排除できないとして、一時間に二回部屋全体の空気を入れ替えることを推奨した。

ホルムアルデヒドやコロナウィルスなどの人に害を及ぼすものによって私たちは意識的に換気をするようになってきたが、換気が悪いと頭痛を起こし、死にいたることもあることは薄々知っている。ではなぜ昔は換気の必要性が口煩《うるさ》く言われなかったのだろうか。それは昔の建物の気密性が低かったからである。窓も扉も閉めたところで、どこかから隙間風が入ってきた。つまり自然に換気されていたのである。

ところが昨今は住宅から大きな建物まで、前節で見たようにエネルギー消費量を抑えることを是として設計されている。したがってエネルギーが逃げないように建物は密閉された魔法瓶のようにつくられる。昔と違って隙間風は入らない。換気は自覚的に行わないと達成されないのだ。

しかし換気と断熱は矛盾する。いくら部屋を温めて、あるいは冷やしても、換気してその空気を外気と入れ替えたら元の木阿弥《もくあみ》である。エネルギーの無駄遣いである。そこで昨今エネルギー交換という考え方が生まれた。例えば冬なら、建物内の暖かいけど汚れた空気を排気するとき、冷たい綺麗な空気に暖かさだけを移し替えるのである。つまり暖かい空気で冷たい空気を少し温めるのだ。そうすると暖かい空気は熱を奪われ少し冷えてから外に捨てられるという仕組みである。こうするとエネルギーを無駄にせずに、空気を新鮮に入れ替えることが可能となる。

筆者は、古い基準でできている建物で換気が悪いと頭痛を起こすことがある。まだまだ改善の余地はあろう。

ホテルの制振ダンパー

前節で地震への対策は三つあると書いた。建物を強くする耐震、地震の力を建物に伝えないように基礎と建物の間にゴムのような重量を支える装置と揺れのエネルギーを吸収する装置を挟む免震、そして建物が揺れるエネルギーをダンパーによって吸収する制振だ。鉄骨造の高層建築では柔らかい構造となるので免震は不向きであり、制振構造のほうが適している。

図1－7は高層ホテルで用いられたもので、エレベーターホール周りの各階に八台のダン

図1－7　金箱構造設計事務所「高層ホテルに取り付けられたオイルダンパー」　東京、2023

パーが設置された。建物に外力（地震の揺れ、風力）が加わるとそのオイルダンパーが動き、オイルの粘性力で地震のエネルギーを吸収する。図右端のダンパーは斜めに取り付けられ、中央のダンパーはV字形の鉄骨フレームの下側に水平に二台取りつけられているのが見える。

光触媒の力

東京理科大学の学長を務めた藤嶋昭《ふじしまあきら》氏は、光触媒研究の第一人者である。氏は大学院時代、水溶液中の酸化チタン電極に強い光を当てると、酸化チタン表面で光触媒反応が起きることを発見した。この発見はさまざまな未来の可能性につながると言われている。その一つは、水を酸素と水素に分解する能力である。水素は、使用してもCO_2を排出しないことから、次世代のエネルギーとして期待されている。つまり、太陽の光と酸化チタンのみでクリーンエネルギーが生成されるのだ。しかし現状ではまだ実用化には至っておらず、継続的に開発が進んでいる。

もう一つの能力は、建築分野で注目されている酸化チタンに光が当たると生まれる超親水作用である。超親水作用とは、物質表面で水滴を作らない力である。例えばガラス表面に塗布すると、表面の水が汚れと一緒に流れていく。また建物の外壁面でも同様に、汚れの付着を軽減する作用があり、汚れが付着しても雨と一緒に流れていく効果がある。

その効果は防汚や防曇《ぼうどん》だけではなく、屋内では抗菌、抗ウィルス、消臭効果もあることがNEDOという研究機関の研究によって実証された。それによるとウィルスの数を減らす殺菌効果があり、とくに光を当てるとその能力は高まる。すでに空港、病院などで使用されている技術である。

第1章では、用と強から生み出される機能に着目した。次章では美についてお話ししたい。機能と美は建築に必須な要素である。どちらが欠けても建築は生まれない。

第2章　美の器

1　美学的建築

第1章ではウィトルウィウスの建築の三原理である「用・強・美」を紹介し、用と強が生み出す機能の器を説明した。本章では三つめの美がつくる美の器について検討する。

カントの美学とモダニズム

美とは何か。なかなか答えにくい問いかけだ。それに答える学問が、一八世紀に生まれた美学である。アレクサンダー・ゴットリープ・バウムガルテンが唱え、続いてイマヌエル・カントがさらに理論化して広めた。

カントは近世になって神から解放された人間の可能性を批判的に論じた哲学者であり、有名な三批判書と呼ばれる『純粋理性批判』『実践理性批判』『判断力批判』を書き、それぞれ認識、道徳、美的判断における人間の能力範囲を示した。この美をめぐって論じた『判断力批判』のなかに、建築について述べた部分がある。絵画、彫刻、建築の美的要因は「形（素描）」にあり、素描の形を形成する線の内側を埋める「色」は美に関与しないというのだ。短いながらも、美の歴史においては重い一言であった。

幼少の頃を思い出すと、絵を教える先生には二とおりいた。輪郭線を描く先生と描かない先生だ。描かない先生は対象と背景の色差が、ものの形を表すと教えたと記憶する。この描き方の差は歴史をさかのぼると、線描を重視するフィレンツェ派と、色を重視するベネチア派の差に見出せよう。アリストテレス哲学では、形相（エイドス）は物の成立要因として重視される一方で、色こそが視覚の対象であり、見るとは色の形相を眼が受容することであるとされた。

つまりカントの言葉は、ルネサンス絵画ではフィレンツェ派がベネチア派より優れていると判定するものであり、アリストテレス哲学で重視された形相の意義を継承し、色の役割を省略したことになろう。そのくらい大きな価値判断をした言葉なのだ。

さてカントの美的判断を建築に当てはめると、建築の美は形によって決まるのであって素材（色や肌理《きめ》）は関与しないと言えよう。『判断力批判』が出版されたのは一七九〇年、ちょうどフランス革命が起こった頃である。前章で紹介した装飾のない幾何学的建築の構想を描いていたクロード・ニコラ・ルドゥーが、パリのラ・ヴィレット門を作り終えた頃だ。建築史家エミール・カウフマンは、建築家ルドゥーはカントの「人間の自律性」を手がかりに「建築の自律性」に行き着いたと主張したが、カントの影響はそれだけではなかった。ルドゥーもル・コルビュジエも「自律性」の精神のみならず、『判断力批判』に記された「形が色より大事」という価値観も引き受けていたと思われる。

このカントの形優先の考え方はのちに「形式主義」と呼ばれて定着し、「自律性」とともに、二〇世紀モダニズム美学の背骨となる。その様子をまず美術の分野から観察してみたい。というのも建築はつねに美術と連動して推移しているからである。美術と建築は元々一つの領域だったのが、建築が機械のように機能の器としての性格を強めたために、モダニズム時代に別のカテゴリーとなった経緯がある。とはいえモダニズム以降も、お互いに影響を及ぼし合ってきた。

モダニズム美術はパリの発祥である。戦後その潮流はアメリカに移り、ニューヨーク近代美術館が中心地となる。

当時、ニューヨークの美術界を牽引したのは美術評論家のクレメント・グリーンバーグである。彼はカントの「自律性」の思想をもとに、「絵画の自律性」を標榜する。絵画は材料

図2－1　ジャクソン・ポロック「秋のリズム #30」 1950

（絵の具とキャンバス）のみを用いて生成されなければならない、という考えである。言い換えると、肖像画、静物画、風景画のように題材を写し取るのが絵画ではなく、題材のない抽象的な模様こそが絵画であるとした（図2－1）。

抽象的な絵画では題材がないゆえ、題材の歴史や物語は美学的な問題にはならない。そこにあるのは一つの抽象的なパターンにすぎない。題材が内包する何かを考えさせるのではなく、現前する色と形の組み合わせをいかに感じ取らせるかである。

写真建築

さて建築においても同様なことが起こる。序章で見たように、近代になると建築からは装飾がなくなり、幾何学的なのっぺりとした「箱」となった。歴史や物語が織りなす装飾のない箱は、題材がなくなった絵画同様、内包する何かを考えさせることなく、現前する色と形と空間の組み合わせを感じ取らせるものとなった。

そして建築を含めたモダニズム美術は「自律性」に加え「形式主義」に根ざしているので、「形」がもっとも重要であった。自律的な形であり、すなわち「幾何学的な形」である。再びカントの言葉を吟味すると、カントの言う「形」とは対象の輪郭線を知覚することであった。建築で言えば、対象の輪郭線とは離れた場所から全体像を視界に収めたときに認識できるものだ。そして全体像が視界に入れば輪郭線、すなわち全体像の縁《ふち》の線の把握に時間はからない。つまりモダニズム建築で重要になったのは輪郭線を瞬時に把握することである。これはさらに二〇世紀の写真の普及と相まって、瞬時に輪郭線（形）が把握できる写真映えする建築が価値を持つことにつながる。こうした価値観のもとで作られた建築を本書では写真建築と呼ぶ。

時間をかける

あらためて、ニューヨークの美術界について。グリーンバーグが牽引するモダニズム絵画のなかで際立った活躍をした一人がジャクソン・ポロックである（図2－1）。彼は絵の具を垂らしたり、撒き散らしたりしながら巨大な抽象画を描いた。美術史で抽象表現主義と呼

図2－2　ドナルド・ジャッド「無題」　テキサス、1982-86

ばれるポロックたちの絵画は、一九四〇年代後半から五〇年代に一世を風靡《ふうび》した。

しかしその後は目まぐるしく、さまざまな新しい潮流が生まれてくる。とりわけ重要な潮流が、ミニマルアートである。図2－2は、簡素な直方体や立方体を数多く並べた彫刻作品だ。これに対し、グリーンバーグの後継者マイケル・フリードは、この巨大な彫刻は見るのに時間がかかりすぎるため、輪郭線を瞬時に把握できるというモダニズム美術の特徴に欠けると言って批判した。時間をかけてやっと全体を把握できる作品を、フリードは「演劇的」と呼んだ。

芸術を観賞するのに時間がかかるのは悪いことなのかと疑問に思うが、当時のアメリカにはそういう批判があった。しかし一九六〇年代のアメリカでは地球自体をアートの対象とするランドアート、頭を使って考えさせるコンセプチャルアートなど、把握するのに時間のかかるアートがいろいろと生まれ始めた。そうなると、もはや輪郭線を瞬時に把握することをもってアートを評価するのは困難になる。美術評論家のロザリンド・クラウスは硬直したアートの評価軸を緩め、時間軸の重要性を指摘している。クラウスは時間が作るビートがアートをさらに豊かにするとして、グリーンバーグ以来のカント的な形式主義、自律性を批判した。

さらに時間と建築の関係を考えてみよう。ノートルダム寺院、東大寺と聞いて、何が思い出されるか。確かにまず思い浮かぶのは建物を象《かたど》る輪郭線である。しかし建物の中に入った時の、ひんやりとした空気、ステンドグラスから差し込む光、天井に響く足音に驚いたことも思い出されよう。そうしてまた外に出て、建物の輪郭線を反芻《はんすう》する。建物の全体的な記憶が、一連の動画のように心の中に定着するのではないだろうか。つまり建築は時間的な経験であるとも言える。

演劇建築

時間的な建築の例として、デンマークのコペンハーゲンから電車で小一時間行ったところにあるルイジアナ美術館を紹介したい。プライベートコレクションであるが、その質と量はデンマークを代表する美術館である。名前の由来は、これまでのオーナーの妻の名がみなル

図2－3　「ルイジアナ美術館」　コペンハーゲン郊外、1958

イーズだったことによる。

筆者も何度か訪れたことがある。入り口はただのお家という風情。しかし増えるコレクションを展示するために増築を重ねた結果、大西洋を望む岸壁の上に広大な敷地をもつ建築となった。その重なる増築の方法が面白い。それは日本の旅館が増築によって、長い廊下が蛇のように連なる姿と似ている。特徴は、ガラス張りの廊下。緑豊かな敷地の中をまるで散策するかのような気分を味わえる。さらに敷地の中にさまざまな彫刻が置かれている。そのまま緑陰が展示場となっていて、通路も美術館の一部となっているのだ。

今こうして書きながら最初に頭に浮かぶのは海であり、次は大きな池の手前に立つジャコメッティの折れそうな彫刻である（図2－3）。そして記憶の断片は映画のように連続している。つまり写真的というより演劇的なのだ。そこでこうした建築を本書では演劇建築と呼ぶことにしよう。

二〇世紀前半は対象を瞬時に捉える写真建築が重視され、二〇世紀後半になると時間をかけて捉える演劇建築の価値が重視されるようになった。建築の美について、まずは二つの特質があることを心に留めてもらえたらと思う。

2　建築を受けとる心の仕組み

建築美のメカニズム、その入り口のところを見てきた。ポイントは時間の感覚である。本節ではそうした感覚が心の中に宿るプロセスを見ていこう。

建築心理学

建築の受容を心理学的に分析した嚆矢《こうし》は、スイス出身の美術史家ハインリヒ・ヴェルフリンである。彼は、人間とはさまざまな美的対象に対し、自分を没入させる本能があると述べる。建築に即して言えば、人間は、自らの身体感覚を建築の形に感情移入するために、建築の形に性格を見出すのだという。

ヴェルフリンはこの「感情移入」という概念を建築に取り入れ、博士論文として「建築心理学序説」(一八八六)を著し、人間が建築を見た時の心理を描いた。人びとは建築を見たとき、自分がその建築になったらどう感じるだろうかと考えるという。例えば、目の前に建物の柱があれば自らの足に、梁が横に伸びていれば自らの腕に置き換えてみる。したがって細い柱が建物を支えていれば、自らの足が心もとなく、恐れや痛みを感じる。太い梁が横に伸びていれば、自らの腕が太く頑丈で安心感を抱くというのだ。

筆者は以前東大寺に行ったとき、南大門の柱の前に自分の両足を置いてみたことがある。この巨大な門を支えるために、どれほどの力が自らにかかるだろうかと想像したのだ。当然、この細い足では太い柱を代替できないと悟り、人間の非力を実感した。

このように建物の持っている物理的なサイズや比率を、自分の体のそれと比べてみることがどこまで普遍的な心理かはわからない。しかし古来、西洋建築は人間サイズが持つ比例関係に則《のっと》ってできているとウィトルウィウスが分析するように、建築の原型は人間にあるとも言えよう。だから建築にはどこかしら、親近感を覚えるものだ。そもそも建築は人間を包み込む器であるから、それは衣服が拡大したものと考えることもできる。心理的に人間が建築に没入するという感覚は自然なことだと言えるかもしれない。

抽象と感情移入

ヴェルフリンは「感情移入」という心理学の概念で、建築を受容する人間の心理を分析した。しかしのちに感情移入だけでは人間の美的感覚は説明できないと述べた美術史家が登場する。ヴィルヘルム・ヴォリンガーは、主著『抽象と感情移入』（一九〇八年）で、人間の美的な二つの衝動をもとに美術史を再読した人物である。二つの衝動とは「感情移入」と「抽象」。感情移入については前節で説明したので、ここでは抽象について考えてみよう。

人は物を見るとき、物の形やラインを取り出してその対象を認知する。おにぎりを「三角形」と言うことがあるが、それは完全な三角形ではない。しかし私たちは三角形に抽象化しておにぎりを記憶するのだ。序章で「建築は三角と丸から四角になった」と述べたが、これも筆者が抽象衝動にかられた結果である。なぜなら、抽象的に物を認識することは、脳にとってコストが低いからだ。

モダニズムが流行した二〇世紀とは、対象を受け取るときと同様に、対象を作るときにも抽象衝動が生起した時代である。のっぺりとした抽象的な箱建築がたくさん生まれたのは、前節で見た自律性、形式主義に加え、抽象衝動によるところも大きいのだ。

観念連合とヒューム

建築を見たときの人間の心の仕組みとして、「観念連合」についても説明しておきたい。観念連合とはいわば、連想である。連想とは人間が何かを見たり聞いたりしたときに、その事柄から想起される記憶や想像の全体を指す。つまり人間は建築を見たとき、建築の姿かたちのみをそのまま受け取ることをしない。人間は見たものから何かを想像したり過去の何かを思い出したりするのだ。そして記憶や想像の総体が、建築を表象すると考えることができる。

このことを指摘したのはイギリスの哲学者デビッド・ヒュームである。カントの三批判書が生まれる前の一七世紀から一八世紀頃、イギリスでは経験論という哲学が確立された。それは人間とは生まれたときはまっさらな状態で、後天的な経験がその人間を作り上げるという考え方である。それゆえ一つの経験は以前の経験を呼び戻し、折り重なるようにして経験は厚みを増していくというのだ。

筆者の経験を言えば、木造の廃校小学校を見学したときに、自分が卒業した木造小学校を思い出した。コークスストーブや給食室が蘇り、眼前の廃校小学校に二重写しになった。

建築とは、瞬間的に捉えられたり、時間をかけて受容されたりする。感情移入によって身体の延長として受け取られたり、抽象衝動により幾何学的に表象されたり、そして観念連合によって過去の記憶と相まって連想されたりする。感情移入、抽象化、連想という三つの受容のあり方を見てきた。次節では、建築において美の幅が拡張する様子を見ていこう。

3　美の拡張

美から喜びへ

千駄ヶ谷の東京体育館、青山のスパイラルなど、公共施設から商業ビルまで幅広い作品を手がけてきた建築家の槇文彦《まきふみひこ》がウィトルウィウスの「用・強・美」の美について論じている。いわく美とはラテン語で「venustas」であり、近年の学説ではウィトルウィウスが「venustas」と言っていたのは「喜び」のことであると。

そして槇は、これからの建築で重要なのは人びとが「喜び」を感じることだと述べる。意外な言葉である。というのは、「喜び」は、それまで建築の目標としてきた機能性や美を超えて、人びとの根本に入り込み、人間の創造力を刺激する普遍的な感情だからだ。

槇がそうした喜びの空間としてよく紹介するのは、自らが設計した東京電機大学の写真である（図2－4）。この建物は東京・北千住駅の近く、建物が密集したところに建つ。キャ

図2－4　槇文彦「東京電機大学」　東京、2012

ンパスと呼ぶには囲いはなく、街と混在し、塀もなければ門もない。人びとは大学の敷地を自由に横断できるのだ。近所の保育園の園児が集まって遊ぶこともある。保母さんと園児が戯れる大学の敷地写真は、喜びが溢れている。子供たちの表情は、大学という空間にはあまり見られない、和やかで無邪気な空気を感じさせる。

喜びという感情が美のバリエーションだという解釈は、一見突拍子もない。しかしよく考えてみると、建築とは人間が入る器であると考えれば、そこで必要なのは人間を豊かにする情動の誘発ではないか。建築空間にはその可能性がある。そのことを槇は的確に指摘したとも言える。そして喜びに限らず、人びとの共感が生まれる空間のことも槇は論じている。建築に身を置く人びとがポジティブな感情を共有できること。共感があるからこそ、「喜び」が生まれるのだろう。

写真建築から顕微鏡建築へ

美の拡張と視覚の関係について。本章第1節の写真建築のくだりで、近代に入り瞬間的に建物の輪郭線を摑み取る視線が支配的になったと述べた。いわば、美学と写真の普及があっという間に建築を写真化した。いい写真が撮れる建築がいい建築になった、と言えよう。

アメリカの歴史学者マーティン・ジェイは、近代の視覚を以下のように三つに分類している。

①ルネサンス以来の透視図法的な視覚（図2－5）
②バロック的な歪んだ視覚（図2－6）
③一七世紀オランダ絵画的視覚（図2－7）

①の透視図法的な視覚とは画面のどこかに消失点があり、そこに向かって平行線が収束する視覚である。

②のバロック的な視覚とは、平行線が一点に集まるという透視図法のルールを逸脱した歪

図2－5　レオナルド・ダ・ヴィンチ「最後の晩餐」 1498

図2－7　ヨハネス・フェルメール「デルフトの眺望」 1661

図2－6　ジョバンニ・バティスタ・ティエポロ「スペイン王国称揚」 1764

みを感じる視覚だ。バロックはルネサンスのあとに生まれた美術様式で、特徴は曲線（とくに楕円）の多用。そしてそれによって生まれる流動性、歪みを許容する美術様式である。酔っ払ったときに建物が曲線状に歪んで見えることがあるが、それに近い。

③の一七世紀のオランダ絵画的視覚は、フェルメールの細密描写がよい例となる。この時代にオランダで細密描写が流行したのは、顕微鏡や望遠鏡が発明され、物をミクロに見ることが社会的に一般化したからだと言われている。

さてこの三つの視覚のなかでも現在建築に大きな影響を与えているのは、三つめのミクロな視覚である。というのも、近代を支えた形式主義が輪郭線の把握を重視したのに対し、ミクロな視覚は、輪郭線の内側にある素材を凝視することを促したからだ。これは大きな物の見方の転換である。

このミクロな視覚で建築を見続けている建築家に青木淳《あおきじゅん》がいる。彼が設計した青森県立美術館の近くには三内丸山《さんないまるやま》遺跡があり、青木はその土地の歴史に敬意を払い、美術館のコンセプトは掘った土をあらわにすることと考えた。そこで土色の床に白い屋根をかけ、この土色の部分の素材にこだわった。

この建物を一冊の作品集としてまとめるにあたって、青木は鈴木理策《すずきりさく》に写真撮影を依頼した。鈴木の写真は、建物の輪郭線がわかるように全体像を撮るものではなかった。建物の床やカーテンや壁に近づき、被写体が何であるかさえわからなくなるような表面の素材を浮き立たせる写真だった。まさにジェイの言うミクロで質料性を感じさせる視覚である。それは写真的というより、顕微鏡的である(図2-8)。

図2-8　青木淳「青森県立美術館」2006(写真：鈴木理策)

人間中心主義建築から物自体建築へ

美の拡張について、人間から物へという変遷はどのように生まれたのだろうか。カントは三批判書を書き人間の能力を批判的に構築するなかで、人間による対象の理解とは、物自体を認知することではなく、あらかじめ人の心に具わった枠組みを通してはじめて物は理解されうると考えた。認識論の「コペルニクス的転回」と呼ばれる、哲学上の画期である。しかしこれを徹底すると、物は人の心の中に現れて初めて存在が認められるということになり、人間がいなければ物もないことになる。以降この認識論の転回は、人間なくして認識なしという意味から、「人間中心主義」の哲学につながっていった。

しかしよく考えてみれば、いま見ている物を人は手に取って触り感じ取ることができるし、匂いを嗅ぎ、ときに口に含んで味わうこともできる。つまりその物自体が存在しないと言われてもにわかには肯定できない。もちろん人間の認識はそれぞれ異なるが、やはり目の前にはその物自体は存在するのではないか。それに加えてさらに、私が見ている物があり、あなたが見ている物もある。このように、カントの哲学を修正したのが現代ドイツの哲学者マルクス・ガブリエルである。「新実在論」と呼ばれるこの見方は、物を見る側の受容の仕方のみならず、物それ自体の持つ属性をも重視するものである。

新実在論は、顕微鏡的な建築を後押しする哲学となった。前項で見たように、顕微鏡建築は建築の輪郭を楽しむのではなく、建築の素材の色や肌理や透明性を味わうものだ。つまり建築という物自体に肉迫して、その物を物として把握しようとする姿勢は、物自体を再考すべしという新実在論の潮流と整合する。

物自体に迫る「物自体建築」は、道具的な機能性を重視するモダニズム以来の考え方に異議申し立てをする建築と言えよう。つまり「物自体建築」は、建築は人のためにあると同時に、それは自然の一部であるという思想につながっていく。

そういう目で見るとき、建築はそれ自体を超えて、場所や自然や街並みの一部分として妥当なものなのかという見方が生まれてくる。調和と連続性が新たな美を紡ぐ。哲学的な変化が建築の美を拡張していると言えよう。

第2章では美の器という観点から、人間が建築の美をどのように受容するかを見てきた。まず「美」とは何か、美学は建築の見方をどのように規定したかを検討し、「時間」に着目した。次に建築を受けとる心の仕組みを紹介し、最後に美の概念が拡張しつつある現代を眺めてきた。次章では、「アナロジー」に着目して、建築のさらなる深い世界を訪ねたいと思う。

第3章　アナロジー

1　人間と建築

前二章ではウィトルウィウスの用・強・美に棹《さお》さした建築の見方をお話しした。本章では視野を広げて建築を見るために、四つのアナロジー（類推）的視点を示したい。アナロジー的というのは類似する他のジャンルのことやものを拠りどころにして建築を見てみるということだ。

一つめは「人間」。建築は人間を包むものであるから人体と深いところで繋《つな》がっている。二つめは「衣」。三つめは「食」である。人間の生活の基本には衣食住がある。住を支える建築は衣と食とは切っても切れない。四つめは「音楽・アート」である。建築はもともと芸術であり、他の芸術と同根である。これら建築に密接する四つの視点を手がかりとすることで、建築の見方は深まっていく。

人間建築と妖怪建築

人間の身体寸法には比例関係があり、それと似たような比例関係が建築にもあることを示したのもローマの建築家ウィトルウィウスである。例えば人間の両手を広げた長さは背の高さに等しい。手のひらの幅は指の幅の四倍、足の長さは手のひらの幅の四倍など、人体の最小部位寸法の倍数で他の部位寸法を表せることを示した。

ウィトルウィウスはまた、建築の寸法関係についても同様の調査をした。その結果、柱の下部の直径を基本寸法として、その倍数で他の建築部位の寸法が決まることを示し、建築と人間の寸法関係は相似していると考えた。もちろん、人間、建築双方に個体差があるから、ウィトルウィウスの観察した数字にぴたりと一致するわけではない。しかしその数字はある範囲におさまる。

別の言い方をしてみよう。人間も建築も部分と全体の間には比例関係がある。したがって、人間も建築もそれらしい形が生まれる。例えば身長三メートルの人は存在しないし、三〇センチの人もいない。身長一メートル五〇センチの人の足の長さが三〇センチということはない。同じように、ギリシアの神殿のような大型建築の場合でも、柱下部の直径が三メートルを超すことはない。せいぜい太くても二メートルである。パルテノン神殿の柱はドリス式と呼ばれ、柱下部の直径は一・九メートル、柱の高さは十・四メートルであり、高さは直径の約五倍強だ。最小単位の基本寸法（柱の直径）には一定の大きさがあり、その倍数もおおむね決まっているのだ。それによって人間、建築は見慣れた形の範囲におさまる。そうした見慣れた範囲があるから私たちはある人間を「人間」と認識でき、パルテノン神殿を「建築」と見なせるのである。

　しかしこういう部分と全体の関係はモダニズムの時代になると、批判的に見直される。ル・コルビュジエは建築の部分を自律させようとした一人である。それまでの部分と全体の間にある比例関係を撤廃して、部分は全体と関係を持たない自律的要素にしようとした。その様子を建築家の原広司《はらひろし》は次のように述べている。「過去の建築は、互に近親な部分をもっていて、部分はあらかじめ予想される全体性をそこなわないように、調和の理念のもとに配置された。コルビュジェは「要素の個性化」をはかり、部分間の造形的排他現象を認め」た（『建築に何が可能か』一九六七年）。

　こうした部分の自律性を人間に置き換えて考えてみよう。例えば首の長さと頭の大きさにはある一定の関係がある。首の長さが頭の長さより大きいことはない。しかしここで自律的に各部分の寸法が決定できるとしよう。首の長さを頭の数倍で描けば、それは「ろくろ首」

のようになる。頭の中に目は二つあるものだが、一つしかなければ「一つ目小僧」となる。妖怪は部分が肥大、あるいは消滅して、人間の形や大きさのバランスが異化されたものである。

この類推で語れば、パルテノン神殿は人間同様に、形や大きさのバランスがある。一方、ル・コルビュジエらモダニストが唱導して生み出した自律的建築は、バランスを保つ意思がないのでさながら妖怪建築である。モダニズム建築の妖怪性は、その後建築デザインのデフォルトとなる。しかしときとして、強い秩序を求めて、左右対称で部分と全体のルールが見てとれる人間建築に出会うこともある。

建築の男女性

パルテノン神殿の特徴は、神殿が四六本の柱で囲まれているところにある。この柱はオーダーと呼ばれ、当時は三種類あった。その違いは頂部の装飾にあり、パルテノン神殿の頂部はドリス式である。平たい板が数枚柱の上に乗っているシンプルな装飾だ。これに対して、女性のパーマネントヘアーのような渦巻きが両側に乗っているものを、イオニア式と呼ぶ。そしてアーカンサスの葉が頂部を飾るものを、コリント式と呼ぶ。ドリス式の装飾は直線主体に構成され、残り二つは曲線主体である。直線主体のオーダーは男性的、曲線主体の二つ

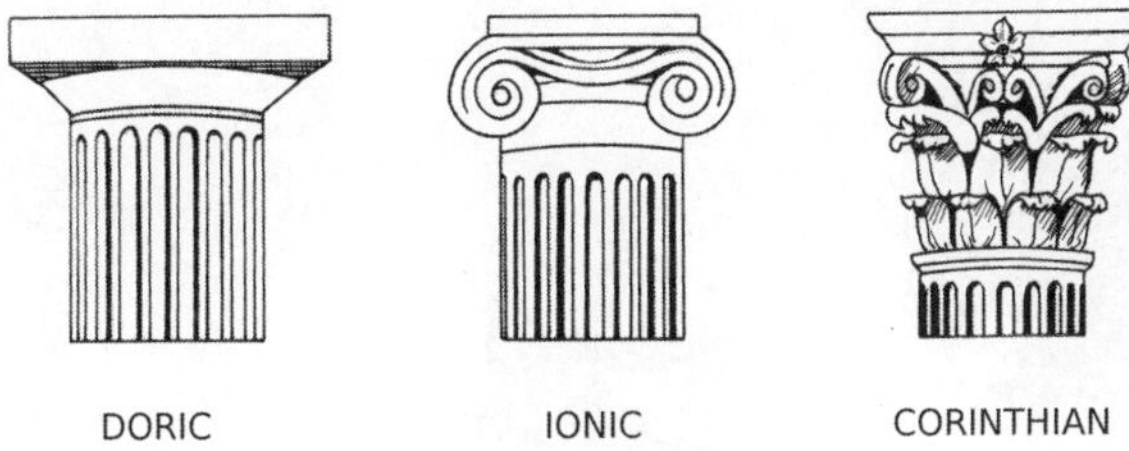

図3－1　「建築のオーダー」

は女性的な柱と考えられていた（図3－1）。

そののち建築デザイン上の重要な決定事項は、柱の選択となった。男性的な柱は堅牢さをもつ重要な建築に用いられ、女性的な柱は統治とは関係のない女性貴族の館などに使うものとされていたそうである。

イギリスの建築史家エイドリアン・フォーティーが著した『言葉と建築』（二〇〇〇年）では、建築の男性性、女性性の歴史的変遷を考察している。それによれば柱に始まる建築の性はいつの時代も男性優位とされ、一八世紀のフランスで建築家J＝F・ブロンデルが男性的建築を支持して、その特徴をシンプル、過剰な装飾をつけない、直線と平面、直角、彫りの深さと表現した。そして女性的な柱（イオニア式、コリント式）を使っていいのは田舎の別荘、王妃や皇后の居室の内装であり、それ以外からは排除されなければならないと述べ、女性的オーダーの使用範囲を限定した。

西欧での男性優位の考え方に対して、日本ではどう考えられ

図3－2　藤森照信「高過庵」 長野県、2004

ていたのだろうか。日本には西欧でいうところの建築論と呼べる書物はない。法隆寺が男性的か女性的かはもとより、どのように作ったか、誰がデザインしたかなどの情報も見当たらない。

しかし二〇世紀に入ってから過去を体系化し、日本文化の男女性に言及した人はいる。法政大学の総長を務めた哲学者谷川徹三《たにかわてつぞう》は『縄文的原型と弥生的原型』（一九七一年）のなかで、日本文化の源にあるのは縄文と弥生の文化であり、縄文を動的、装飾的、怪奇、有機的、男性的と述べた。そして弥生については静的、機能的、優美、無機的、女性的と称した。さらに同じ頃、建築界では白井晟一《しらいせいいち》が、民家で有名な江川家住宅を「縄文的なるもの」と呼び、丹下健三は桂離宮を弥生文化と縄文文化の対立が昇華したものだと述べている。これらを総合すると、日本建築にも女性性、あるいは男性性と解釈できる特徴があると言える。しかし西欧と異なり、男性優位の価値観が根づいていた形跡はない。

現代日本に目を転じると、建築デザインに女性性の表出を指摘する向きもある。真壁智治《まかべともはる》は『カワイイパラダイムデザイン研究』（二〇〇九年）を著し、母校東京藝術大学の建築学科で、女子学生が建築を説明する上で頻繁に用いる「カワイイ」という言葉の意味を探った。そこで真壁は、戦後の高度経済成長のなかで父は不在で、母が子育ての主役となり、家父長制に代表されるそれまでの男性優位だった家族のあり方が、女性的感性をもつ家に変化したことを指摘した。

そこで醸造された「カワイイ」に代表される感性は、現代日本建築の不思議な形に現れたと真壁は言う。例えば藤森照信《ふじもりてるのぶ》による、高過庵《たかすぎあん》と呼ばれる滑稽な茶室（図3－2）や、西沢立衛《にしざわりゅうえ》によるキノコが群生したような森山邸などである。真壁はこうした建物は、女系家族化した現代の感性が生み出した「カワイイ」を根に持つデザインだと考えた。

2　服と建築

男性のスーツ、女性のファッション

建築と服に関係が生まれる理由は二つある。一つめは、建築も服も時代の感性（流行）の影響を受けながら形を生み出す作業だからである。二つめは、建築も服も人を包むという同じ目的を持つからである。

本節では前者の形の話をしてみたい。序章で説明した書物『ルドゥーからル・コルビュジエまで』を思い出してみよう。フランスのブルボン朝末期、王朝に仕えたルドゥーが革命を生きぬき、非装飾的な幾何学建築のイメージを生み、モダニズムのル・コルビュジエに繋がることを記した書である。美術史的にいえば、本書はバロックから新古典主義、そしてモダニズムへと三つの時代を縦断する内容だ。

建築と服を比較するために、時代ごとの服のデザインの変遷を見てみたい。

バロックとは、一六世紀末から一七世紀初頭にかけイタリアで誕生してヨーロッパへ広まった、動的で量感あふれる美術・文化様式である。当時、男女の服は見分けがつかないほど似ていた。双方、肩の線はなだらかで、ネックラインは高く、装飾的な帽子をかぶっていた

図3－3　「17世紀のファッション 男性服女性服の比較」

(図3－3)。

しかし一七世紀後半になると、男性服は女性服とは似ても似つかぬものになっていく。理由はそれまで服作りは男性の仕事であったのが、一六七五年に女性が女性服を作ることをルイ一四世が認めたことに端を発する。男性服はそれまでの仕立て技術にもとづき格式高い「形」を作る方向へ、そして女性服は刺繡《ししゅう》やアクセサリーを施す「装飾」的な方向へ、作り方もデザインも分かれていく。

フランス革命後の一九世紀前半になると、芸術では新古典主義が始まる。それはバロックの放蕩的な文化を反省し古典を見直す動きであった。ポンペイ遺跡の発掘、美術史家ヨハン・ヨアヒム・ヴィンケルマンによるギリシア美術の評価が古典の見直しを加速した。ヴィンケルマンはとくにギリシア彫刻における理想的な肉体像を賛美した。この時代の男性服はその影響を

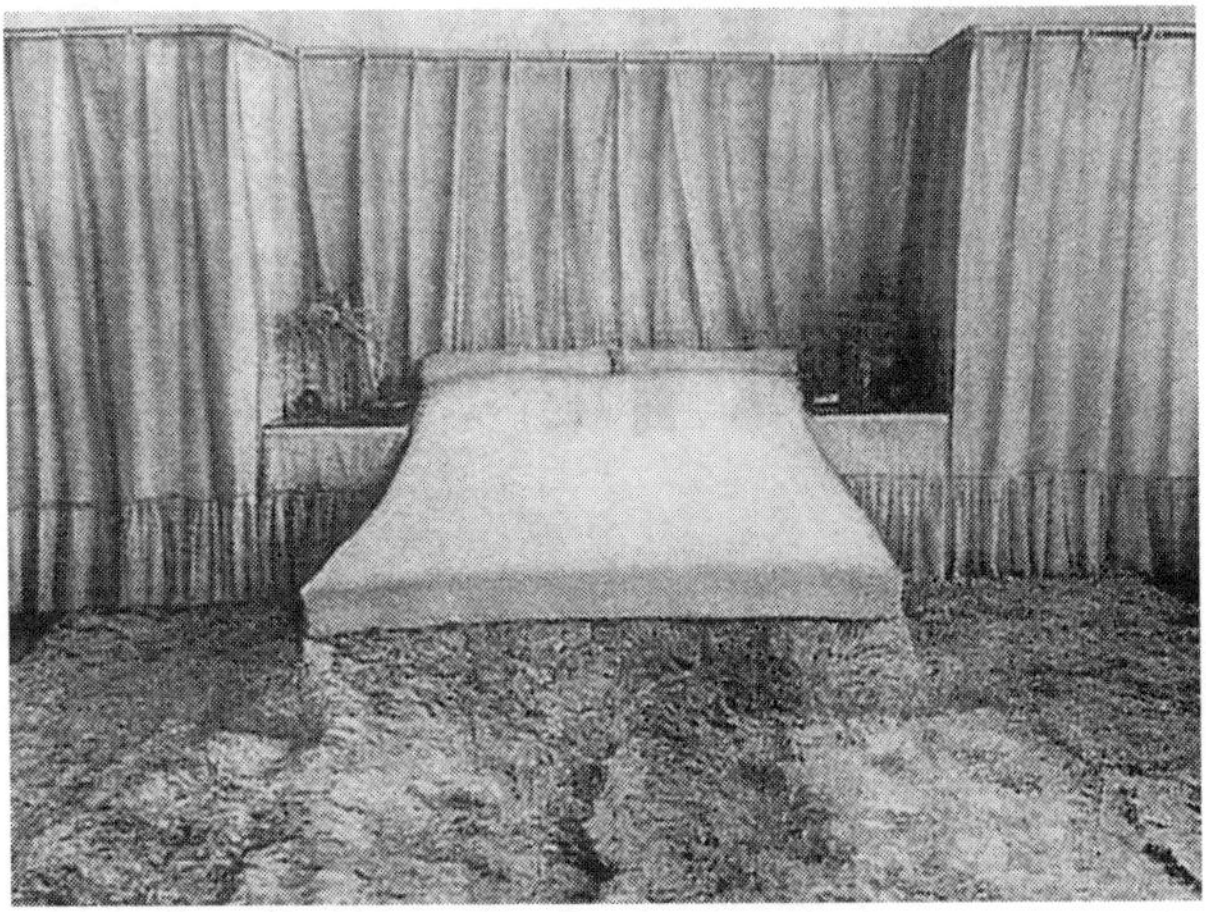

図3－4　アドルフ・ロース「リナ・ロースの寝室」ウィーン、1903

受け、服のフォルムに理想の人体像を投影したわけだ。男性スーツの起源はここにある。服飾史において、この形の変化は革命的だった。無駄を削《そ》ぎ落とした肉体を服に見立てたのだ。

一方この時代の建築はというと、ルドゥーに見たとおり、装飾を削ぎ落として、無駄のない幾何学形へと移行するさなかだった。服も建築も古典を標榜し、バロック時代の贅肉を削ぎ落としたのだ。時代の流行は建築と服双方に同じ影響を及ぼした。そしてこの潮流は、ル・コルビュジエに至り幾何学的な完成をみる。

モダニズムには、ル・コルビュジエに至るフランスの流れとは別に、一九世紀末ウィーンの建築家アドルフ・ロースに至るドイツの流れがある。そちらも見てみよう。

ドイツ新古典主義の流れを汲む建築家ゴットフリート・ゼンパーは、建築には四つの要素があると言った。それらは「炉」「土台」「屋根」そして「被覆」である。被覆とは衣服のことで、建物の構造が服を纏《まと》うことで建築空間が生まれるとゼンパーは見た。そしてアドルフ・ロースはこの考えを継承し、被覆する素材、色、などに強くこだわる建築を設計した（図3－4）。

建築は構造が服を着るようなものだと考えていた建築家は、ロースのほかにもいる。同時代のヘルマン・ムテジウス、アンリ・ヴァン・デ・ヴェルデ、ワルター・グロピウス、そしてル・コルビュジエ（図3－5）も、服と建築の密接な関係に気づいていた。

彼らは皆ファッション画を描いていたし、ヴァン・デ・ヴェルデは自分の設計したインテリアに相応しい服を実際作っていた（図3－6）。

図3－5　ル・コルビュジエ　「スケッチブック　1915年の一枚」

しかし建築とファッションがお互いに影響し合う関係はそれ以上続かなかった。両者は接近したが、実を結ばなかった。

なぜだろうか。すでに記したとおり、新古典主義時代に服のデザインに性差が生まれた。男性服はスーツに代表される格式高い仕立てとなり、女性服は装飾的で軽く移ろいゆくファッションと呼ばれるようになる。建築家たちは軽いファッションと手を交えることを拒否した。自分たちの建築の威厳を保つためである。結果的に建築はファッション（女性服）ではなく、スーツ（男性服）の考えに即し、無駄のないフォルムを作ることを理想に進んだ。スーツがギリシア彫刻にみられる理想の男性の肉体を目指したとするなら、モダニズム建築はギリシア建築に見られる秩序を目指したとも言える。モダニズム建築の特徴の一つは規則性であり、これはギリシア神殿の列柱そのものだからである。

図3－6　アンリ・ヴァン・デ・ヴェルデ「ティーガウン」 1900

キネステーゼ（身体性）

服の性差は、やがて疑われ始める。ジェンダー平等の動きが戦後活発になったことが後押しした。女性の参政権獲得はその流れにあり、一九世紀終わり頃から約一世紀の間に多くの先進国で実現した。

服の性差に疑義を唱えたパイオニアは川久保玲《かわくぼれい》である。彼女は男性スーツのデザインルールを緩やかにした。ジェンダーフルイド（流動的）と呼ばれる、自らの性の認識を固定化しないデザインアプローチをいち早くとった。それまでのスーツの伝統である身体に合わせた仕立てを否定して、服と身体の間に隙間を入れた。ダブダブの誕生である。

それまでの服は、着用者の身体の延長として受容され、着用者および第三者にとって視覚的なものだった。しかし川久保のダブダブ服は視覚性以前に、触覚性を重視した。それは単なる着心地を超えて、皮膚と服の間に生まれるコミュニケーションと呼べるものである。つまり肌と服のあいだにわずかな空間があることで、肌と服の生地の触れ合いを自ら調節できる。気持ちよい触れ合いの強さやインターバルを、自らの動きによって決めるのだ。

こうした運動と知覚のつながりを、哲学用語では「キネステーゼ」と呼ぶ。ギリシア語のキネーシス（運動）とアイステーシス（感覚）の合成語である。

キネステーゼは、建築では身体性という言葉として用いられることがある。本節冒頭に述べたように、服も建築も身体を包むことにおいて目的が同じだから、似たコンセプトが生ま

図3－7　坂牛卓「運動と風景」 東京、2019

れる。服はそもそも体にフィットするように作ることが一般的で、川久保玲のような意図は珍しい。しかし、肌と服のあいだに空間を作ることで、キネステーゼの概念が前景化する。

一方、建築は人体よりかなり大きく作ることが一般的で、肌が建築を感じることは少ないが、意図的に（川久保が意図的にダブダブに作るように）体に擦り寄るくらい小さく設計することがある。それを身体性と呼ぶ。

坂本一成《さかもとかずなり》は身体性を重視して建築を作る建築家の一人である。彼は空間の寸法を人の寸法との関係で慎重に決め、あたかも服であるかのような空間を生み出す。坂本の設計した水無瀬《みなせ》の町屋は、身体性が感得される住宅である。この建物は二階建てのコンクリートの住宅。外観からして周囲の二階建ての建物に比べて小さい。

中に入ると二層吹き抜けの居間があるのだが、吹き抜けが普通のものよりはかなり低い。建物全体を身体に纏うような小さいサイズで設計しているからだ。だから、建物に入ると少し大きな服を羽織ったような肌感覚を受け取ることになる。

筆者も、服の寸法と、身体を超越した寸法を連動させながら、設計することがある。一つの空間に二つの寸法を入れることで、開放感と囲われ感の双方を連続的に感じ取れることを狙う。一般的に、身体性を重視すると、スペクタクル（視覚性）を失うことが多く、トレードオフと考えられがちだ。しかし筆者は二つを両立させたいと考えている。少し欲張りだが、視覚にも触覚にも訴える建築と服は可能だろうと考えている（図3－7）。

3　料理と建築

料理は服と異なり、形を作る営為ではない。だから建築と視覚的な共通点を持つことはない。しかし共通する点はほかにいくつかある。一つめは、双方材料を加工して作るという同じプロセスを持っていること。二つめは、料理はレシピ、建築は設計図という指示書があること。三つ目は、毎日食べる、住むという意味では日常的でありながら、ときとして非日常的な祝祭性を持つこと。料理から建築を見てみよう。

珍味

デンマークにノーマという名前のレストランがある。イギリスの出版社が主催する「世界のベストレストラン五〇」（二〇二一年）において一位となった。ノーマの創業者ルネ・レゼピが標榜するのは新北欧料理。その調理法はつねに研究開発をへて更新されている。一年を三つの時期に分けそれぞれの季節のメニューを提供し、各シーズンの前には閉店して新たな食材を探し、新たなメニューを開発する。鳥なら肉だけでなく、爪や羽、海に行けば海の苔《こけ》、昆虫、鹿の脳みそまであらゆる素材に挑戦する。

いわゆる珍味を堪能する例は世界中色々あるだろう。筆者が赴任していた信州大学のある長野県は、昆虫食で有名だ。蜂の子、イナゴ、カイコ、ザザムシなど。蜂の子は黒スズメバチの幼虫、佃煮にして食べる。イナゴ、ザザムシも佃煮にする。カイコは炒めたり、そのまま食べたりしたと聞く。

デンマークも長野も寒い場所で野菜や米が育つ期間は限られる。長野は海もないから魚が獲れない。栄養を取るために、そして新しい味を発見するために、さまざまな試みがなされてきた。デンマークと長野の違いは、ノーマは新しい味、長野は伝統的な味という新旧の差

図3－8　**フランク・O・ゲーリー「自邸」**　ロサンゼルス、1979年

である。そのなかで、ともに他にはない珍味を生み出してきた。

建築にも珍味がある。建築も素材があり、施工（料理）して建物ができる。素材は流通している工業製品である。しかし料理同様、変わった素材をうまく料理すると、珍味が生まれる。建築家フランク・O・ゲーリーは一九七九年に自邸を設計して世界的に有名になった。この建物はカリフォルニア・バンガロースタイルの中古の家を増改築したものだ。

特徴は二つの材料にある。どちらもロサンゼルスではよく見るものだ。一つは、工事現場のフェンスなどによく使う菱形の金網である。もう一つは、農家の納屋などに使われる波状のトタンである。ゲーリーは母家を取り巻く増築部の壁にトタンを貼った。そしてその周囲に元の家を隠すかのように金網フェンスを張り巡らした。すなわち、建売住宅を地元でよく使われている材料で覆ったのだ（図3－8）。

ゲーリーの邸宅とノーマや長野の珍味の例は、いわゆる地産地消である。しかしゲーリー宅は普通の地産地消とはちょっと異なり、誰も見向きもしないような素材を探し出して利用している。それにより単なるエコロジカルな意味を超え、土地の隠れた特徴を際立たせていると言える。珍味の発見は食や建築の慣習的な作り方を見直し、素材に秘められた可能性をあらわにし、結果的にその表現の幅を拡げるのだ。

素材を活かす

私の好きな料理家にウー・ウェンさんがいる。ウーさんは中国の人で中華料理のレシピを書いている。ただその料理は私たちが知っている油っこく、香辛料の強い中華料理ではない。彼女は食材にこだわり、素材の味を残すために、油も調味料も香辛料も最低限しか入れない。調理は手を加えすぎず、できるだけシンプルにと説く。しかし調理の仕方についてはきめ細かな指示がある。ほうれん草を炒めるときは水に浸して葉に水を十分含ませること、温度をあげたフライパンで短時間炒めることなど、調理の原理と注意点の指示は細かい。料理家の有元葉子さんも同じコンセプトを主張する。彼女も素材の使い方にこだわる料理家だ。

二人とも素材主義者と呼んでいいと思う。

しかし、料理家ならおしなべて皆さん素材にこだわりがあるはずである。食材が悪くて美味しい料理はできない。二人が特徴的なのは素材の味を十分味わうために、一つの素材を用いた味わいを楽しむ料理を教えてくれる点である。素材は一種類の方が他の素材と味が混ざらない。だから素材の味を堪能するなら単素材のほうが適している。

建築も料理同様、素材を形にする作業である。そして素材が人を包むことになるから、料理で素材を味わうように、建築でも素材を味わうことになる。しかし建築の味わいは味覚を通じたものではない。主として視覚をとおして行う。また場合によっては手で触る、足で歩くなど触覚や運動感覚も手伝う。

一般的に建築の素材は、床と壁と天井では異なる。同じ木材でも樹種が異なり、色や木目を変えることが多い。コンクリートの家でも、床にフローリングを張るのが普通だ。しかしウーさんや有元さんの料理のように、単素材でデザインすることもある。料理同様、そのほうがその素材が他の素材と混じり合わず、純粋にその素材を味わえるからだ。

単素材といえば、安藤忠雄の建築は典型である。コンクリートの打放しで床、壁、天井を覆い尽くす。他の素材を混ぜない。それによってコンクリートを堪能することができる。これは内観の例だが外観にも同じようなことが言える。たいてい壁と屋根は異なる材料でつく

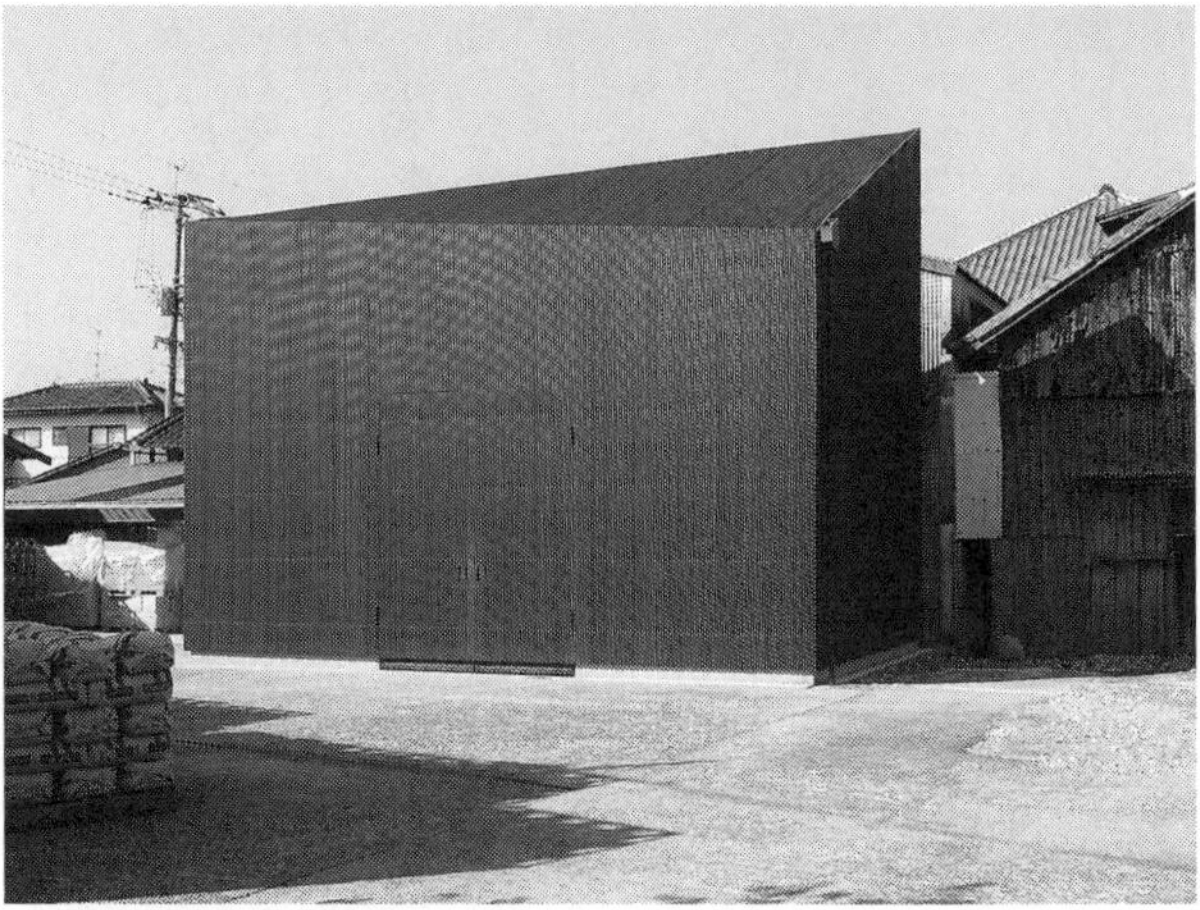

図3－9　yHa architects「富久千代酒造　米倉庫」 佐賀、2013

るが、まれに壁と屋根が同じ材料でつくられている建物を見ることがある。例えばスイスの山岳建築には壁も屋根も石積のものがある。あるいは、壁も屋根も木造の建築もある。yHa architectsが設計した佐賀県の倉庫は、全体を単素材で包むことで見る人に強い印象を与える（図3－9）。

レシピと設計図

建築を作るために設計図があるように、料理を作るためにレシピがある。もちろん設計図がなくとも、間取りがわかればそれなりに家はできる。しかし大きな建物となると設計図は必須だ。同様に料理もレシピがなくともできる。料理するたびにレシピを見るということはない。しかし今日はご馳走だというとき、レシピは頼りになる。

　設計図とレシピを比べてみると、建築を見る目も少し変わる。設計図には三つの目的がある。一つめは設計の意図を施工者という専門家に伝える。二つめは建築のコストを見積もる。三つめは建物が法律を遵守していることを示す。一方レシピの目的は、料理家の料理の意図を一般の人に伝えるためにある。設計図の目的にあるような料理のコストを見積もるとか、料理が法律を守っているかを示す意図はない。

　重要なのは二つの書類を見せる相手の差である。設計図は施工する玄人相手、レシピは主として素人相手である。だから設計図はとても細かいし、素人が見てもわからないことがたくさんある。一方レシピは一般にわかるように書かれている。また設計図は完成形が描かれているが、完成形に至る過程は描かれていない。それは施工者というプロが考える部分だからである。一方レシピは完成形の写真があっても、重要なのは完成形に至るプロセスである。煮るのか焼くのか炒めるのか、その時間、さらに素材に加える調味料が記されている。

　建築の設計図に施工方法が書かれていないもう一つの理由は、素材が決まれば施工方法にそれほど差がないからだ。コンクリートという素材は、水と砂利を混ぜて型枠に流し込んで作る。完成形ではコンクリートの壁になったり床になったりするが、見た目はグレーの固い塊であり、木のような柔らかな風合いにでき上がることはない。同様に、鉄は鉄、ガラスはガラスだ。しかし料理の場合、ジャガイモはすり潰せばスープになるし、揚げればフレンチフライになり、煮れば煮っころがしになる。調理によって違う料理ができるから、方法を外すわけにはいかないのだ。

設計図とレシピのもう一つの大きな差は、設計図は建築の完成形を作り上げることが目的だが、他方レシピは最後の形は目的ではなく、むしろ結果であるということだ。大事なのは味だ。味を作るために、調理法が書かれている。では建築における味は何かといえば、美と言ってよい。そして、美は設計図ができた段階で大方勝負はついている。もちろん施工が良いか悪いかによって大きな差が生まれるのだが、その差とは耐久性や耐候性の差であることが多い。

ケとハレの料理

料理家の土井善晴《どいよしはる》は家庭料理の第一人者土井勝《まさる》の次男として生まれ、料理家を目指した。スイス、フランスで西欧の料理を、日本では大阪の味吉兆で修行した。そんな善晴を父は日本の家庭料理の道に誘った。善晴は上方料理の真髄を学んだのちになぜ家庭料理なのかと思ったが、日常の飾らない家庭料理の魅力にとりつかれたという。

土井は言う、「日本人の世界観であるケハレとは、ハレの日（まつりごと）・ケの日（弔いごと）・ケハレの日（日常）の三つに分けられます」（『料理と利他』）。ハレの日にはハレの料理を神と一緒に食べるのだが、現代ではハレの料理をご馳走と考え、頻繁に食べるので栄養過多になっていると警告し、普段はケハレの料理を勧める。

建築もケとハレがある。神社仏閣はときにハレの舞台に、ときにケの場になる。日本の伝統空間はイベントに応じて空間の意味が変化する。一方西欧では建築のハレは空間の形象によって表現されてきた。荘厳さや手の込んだ装飾など、目に見える祝祭性である。明治以降、こうした西欧のハレの作り方は日本の建築の中に取り込まれた。結婚式や、祝賀会などのお祝い事はホテル等の大空間で行われるようになった。参加者が空間の祝祭性を大きさから感じ取れるからである。

二〇世紀を通じて、日本の名建築の大半はこうしたハレをもつ建築だった。丹下健三の国立代々木競技場（一九六四年）、東京カテドラル聖マリア大聖堂（一九六四年）、住宅レベルでは篠原一男のから傘の家（一九六一年、図3-10）、白の家（一九六六年）など、建築の大小にかかわらずハレがある。

しかしこうしたハレ空間に対し、ケハレ空間を提示した建築家がいた。篠原一男に学んだ坂本一成である。坂本は篠原に学びながら、篠原を反面教師とした。そして非篠原の可能性を探った。それはケハレ（日常性）であった。坂本の『住宅―日常の詩学』（二〇〇一年）から、日常性の中に日常性から抜け出る隘路《あいろ》を見つけ、ハレに出会う建築を目指していたことがわかる。つまり土井の料理さながら、普段は日常的な空間があり、あるときその日常性を逸脱する可能性を秘めたデザインだ。

意外なたとえになるが、村上春樹が多用する井戸という装置はこれに似ている。村上は自らの小説の舞台装置として井戸を使う。間違ってそこに落ちると違う世界に出る。坂本の建築の中にはこの井戸に似たような時空のきっかけがあり、そこに差しかかると、ハレに出くわすのである。

図3－10　**篠原一男「から傘の家」**　東京、1961年。2022年ドイツ・ヴィトラ社敷地内に移設

4　音楽・アートと建築

ミニマル

音楽とアートにはミニマルミュージック、ミニマルアートという様式がある。ミニマルアートとは言葉どおり、必要最小限の形象や素材を用いて制作される絵画や彫刻のことをさす。一九六〇年代のアメリカで発展した。例えば第一人者のドナルド・ジャッドの作品は第2章で紹介したように、無装飾の立方体、直方体の連続（図2-2）を特徴としている。

ミニマルミュージックも発祥はアメリカ。時期も六〇年代とアートと並走する。音の高低を排除して、一定の音程を同じパターンで繰り返す。その意味ではメロディを消してリズムが展開される。やはり第一人者のテリー・ライリーの「インC」という曲は、Cの音を出しつづけるというルールのもと、五三の短いフレーズを順番に、任意の回数繰り返しながら演奏していく。人数、楽器、時間については定めがない。その反復性はジャッドのミニマルアートに近い。

建築のモダニズムは先述のとおり、装飾を排除した箱である。箱建築のデザインを分析した本がある。アメリカの建築家フィリップ・ジョンソンと歴史家ヘンリー＝ラッセル・ヒッチコックが著した『インターナショナル・スタイル』（一九三二年）だ。この本はニューヨーク近代美術館で行われた展覧会を解説する書として登場し、モダニズム建築を説明するもっとも正統的な本として以後参照されてきた。

この本では、モダニズム建築は世界で通用するという意味でインターナショナル・スタイルと呼ばれ、特徴は①塊ではなく空間、②規則性、③非装飾と説明された。①の空間とは、堅固な石の壁で囲われた塊のような建築から、軽やかな壁と柱でできた空間へ移行したことを言っている。②の規則性とは、柱や窓が同じ間隔で規則的に配置されること。③の非装飾とは、壁も柱ものっぺりと平滑に作ることを示している。

ここからわかるのは、建築はモダニズムの時代に突入した二〇世紀の初頭からすでにミニマルだったことだ。モダニズム建築の規則性はミニマルミュージックやドナルド・ジャッドの反復性をすでに先取りしていたと言ってもよい。

さらに付け加えると、こうした規則性や非装飾性に愛想をつかした人びとが、一九七〇年代から八〇年代にかけてポストモダニズムというモダニズム再考運動を生み出した。それによって、一時こうしたミニマルなデザインが敬遠された。しかしその後九〇年代に入りミニマルアートやミュージックの影響も受けながら、ミニマル建築が再登場した。それは世紀初頭のモダニズムをさらに洗練し、不要な部分を削ぎ落としたスーパーミニマルなものであった。

ポップ

ミニマルアート、ミニマルミュージックが登場した一九六〇年代にはさまざまな音楽やアートのムーブメントが起きていた。音楽ではイギリスでロックンロールに影響を受けたビートルズやローリング・ストーンズなどがさまざまな要素を取り入れながら広く人びとに受け入れられる音楽、ポップミュージックの礎を築く。

一九世紀の音楽は、ローカルな民族音楽、あるいは一七世紀以来の和声にもとづく調性音楽に大別される。しかし一九世紀後半になると黒人音楽がアメリカに移入され、ジャズやロックンロールを含む音楽が録音技術の進歩に助けられ世に広まった。ここにポップミュージックが誕生し、対して従来の調性音楽はクラシックと呼ばれカテゴライズされるようになった。

ポップミュージックが生まれると同じ頃に、ポップアートが生まれた。発祥はイギリスだが、アメリカで展開した。その様相は字義どおりポピュラーアート（大衆芸術）でポップミュージック同様広く多くの人に受け入れられることが標榜された。一九六〇年代の大衆消費社会を投影したアート作品は、商業的、漫画的である。第一人者のアンディ・ウォーホルが

図3－11　レンゾ・ピアノ＋リチャード・ロジャース「ポンピドゥーセンター」　パリ、1977

元々広告代理店のデザイナーだったことも、ポップアートの商業性を加速した。ウォーホルの、梱包用の商品の箱を並べた彫刻や、缶詰のラベルを複数並べたシルクスクリーンなど、商業デザインをモチーフとした作品は有名だろう。

商業デザインの特徴は、ほかとの差異化にある。ゆえに大胆な色彩やダイナミックな形を組み合わせる。マリリン・モンローのシルクスクリーンは色鮮やかさが目を引く。

建築はそのポップアートから大きな影響を受けている。建築史家レイナー・バンハムは一九五〇年代にイギリスに現れたポップアートにいち早く目を向け、建築界でその精神を受けついだのは六一年にイギリスで結成された前衛建築家集団アーキグラムであるとした。

彼らは歩いたり、浮いたりする奇想天外な建築を描いた。

そのポップな精神はレンゾ・ピアノ＋リチャード・ロジャースが設計したパリの美術館、「ポンピドゥーセンター」に結実したという。この建築はガラス張りの箱の周りに設備のダクトやパイプが原色に塗られて取りつけられた。ガラス張りのエスカレーターのチューブも設備ダクト同様に建物の外側に取りつけられ、人びとの移動が建築のデザインの一部となっている。

アートや音楽のポップは、わかりやすさを意味した。一方、建築のポップはわかりやすさというより、ほかとの差異化として前面に現れた。その結果パリの街並みに衝撃を与え、物議を醸した（図３－11）。

本章では四つの視点から、建築をアナロジカルに観察した。およそ文化的営為は互いに繋がりを持っている。

第二部　設計論――建築の作り方

第二部は、建築の作り方について説明したい。筆者は建築家なので、ときに私の日常の行動を説明することもある。設計とはまず頭の中で考え、次にスケッチや模型、そして現場でき上がったものを見ながら考え続ける作業である。

第4章　建築の設計とは何か

1　三つの設計

設備・構造・意匠

第一部で述べたとおり、建築には用・強・美が備わっていなければならないと、大学の授業で教えられている。すなわち、用＝設備と計画、強＝構造、美＝意匠である。この分類はそのまま現代社会の職能に直結している。建築を設備設計する資格を設備設計一級建築士が、構造設計する資格を構造設計一級建築士が、意匠設計する資格を一級建築士が持つ。意匠設計の資格はこれ以外に木造建築士、二級建築士があるが、規模や種類の制限の面で一級建築士と異なる。すべての建物を設計できる資格を持つのが一級建築士だ。

建築の設計とは、これら三つの職能の共同作業である。全体を統括し、設計をリードするのが意匠設計者だ。オーケストラの指揮者あるいはコンサートマスターの役割に近い。

クライアントの発注から、仕事の流れを見ていこう。まず、直接仕事の相談を受けるのは意匠設計者、すなわち建築家である。意匠設計者は、一人の建築家として個人事務所で働くか、集団の建築家として大企業事務所で働く（第8章で詳述する）。

仕事が個人事務所に来た場合、建築家は構造設計者が働く構造事務所に構造の部分の、設備設計者が働く設備事務所に設備の部分の設計を依頼する。大企業事務所の場合は構造、設備の設計者は社内にいるので、建築家＝意匠設計者は彼らと共同で設計を行う。いずれの場合もクライアントの窓口となって設計を進めるのは意匠設計者である。そして構造、設備の設計者は意匠設計者の進める設計を肉付けし、検証する役割を担うことになる。

本章では、建築の設計とは便宜的に設計の中心にある意匠設計のことを指すものとして説明したい。

計画と美的意匠

意匠設計は二つの部分からなる。一つは計画であり、もう一つは意匠、計画と区別するために美的意匠と呼ぼう。計画とは、建物を解析して適正な数値をもとに建築を構成していく設計の側面である。例えば廊下や入り口の適正寸法、エレベーターの適正台数など、その場所を通る時間帯別の人数を予測して算出する。数値をもとに建物が円滑に機能するように考えることが計画である。第1章で説明した機能の器を作るため、用・強・美の「用」を生み出す作業がこの計画である。

他方の美的意匠は、建物の別の価値を生み出す営為である。第2章で説明した美の器を作るため、用・強・美の「美」を生み出す作業である。

自動車や食器や服飾などインダストリアルデザイン、プロダクトデザイン、ファッションデザインと比べてみればわかりやすい。当然ながら、それぞれのデザインには適正な数値がある。自動車なら機械工学的な数値。ファッションなら人体の寸法など。すなわち、車でもファッションでも建築でも、数値的な適正性が求められ、それを基礎づけるのは計画である。他方で、デザインの魅力や美しさを決定するのは感性や考え方の妙を尽くした美的意匠だ。

2　意匠設計のメカニズム

設計理念

意匠設計のメカニズムを、もうすこし詳しく見ていこう。参考になるのは、他の分野の設計方法である。

例えば、機械の設計は建築の設計と類似する。それは、設計の目的に対して解答の候補が複数存在する点である。機械設計において設計時の判断の拠り所にするのは、経験に基づく設計理念。機械設計においても、計画と美的意匠の双方が重視され双方の価値を生み出すために、設計理念が必要だと言う。これは建築設計においても示唆的である。建築の設計にも複数の解が導かれる場合が多々ある。複数の解から一つを選択するには、機械設計同様設計理念が求められる。

設計理念は言い換えれば、何を根拠に一つの設計を選ぶかという判断基準である。計画においては、前節で見たように適正な数値が基準となる。他方で美的意匠の基準は、要因がさまざまである。つまり、その時代その場所で美的な基準が定まっている場合、美的意匠の基準は明瞭だ。例えば、ノートルダム寺院を見てみよう。ゴシック美術様式が定着する時代では、天に昇るような塔状の建築が求められた。垂直にそびえ立つような様式が設計理念として機能していた。では現在はどうなのか。それを知るために、過去にさかのぼり、建築の設計理念を記した建築論の書物を覗いてみよう。

有史以来ルネサンス頃までに書かれた建築論には、当世の建築意匠において知っておくべき知識、あるいは施工といった建築意匠以外の基礎知識が記されていた。第1章で紹介したウィトルウィウスの『建築書』（紀元前三〇年頃）に始まり、ルネサンス期のパラーディオの『建築四書』（一五七〇年）あたりまでがそうである。

これに対してその後の新古典主義の時代から一九七〇年代に始まるポストモダニズム期までの書物は、建築を次の時代に向けて改革しようとする理念を掲げた点で異なっている。ブーレの『建築芸術論』（一七九〇年代）から、アンチモダニズムを宣言したロバート・ヴェンチューリの『建築の多様性と対立性』（一九六六年）あたりまでがそうである。

つまり新古典主義の時代以降、つねに建築の目指すべき明日の理念が描かれていた。そうして、美的意匠の価値基準が定まっていた。ここ一世紀でいえば、二〇世紀前半にモダニズムが流行した時代ではシンプルで合理的な建築が尊ばれ、一九七〇年代のポストモダニズム期に入ると、先述のヴェンチューリのアンチモダニズムの考えがモダニズムに覆いかぶさる。しかし、二〇世紀の終わり頃からアンチモダニズムの規範も崩壊し、現在に至るまで、私たちが共有できる美的意匠の基準は不在である。つまり現在、建築の美的意匠価値の優劣を判断する基準を私たちは持ち合わせていないのだ。

ワインをヒントに

現代とは建築家それぞれが設計理念を模索する時代である。多様性の時代であり、同一の価値観はなく、多様性を受け入れることが価値となっている。しかしそうは言っても、建築家たちにはゆるやかながらも建築を建築たらしめるきわめて基礎的な価値体系がある。それは、建築は人が使うもので、地球という重力のあるところに建ち、地震や台風が来ても壊れず人を守り、そして人びとに不快感を与えないような姿を持つということである。

しかしそれだけでは建築は作れない。では設計理念をどのように再定義すべきか。ワインをヒントに建築の理念を考えてみよう。建築の設計はワインの生産に似ている。飲む（使用する）人がいて、求められる傾向があり、ソムリエ（批評家）の評価にも反応しながら生産（設計）を行う。ここで①飲む（使用する）人、②評価する人、③作る人（設計者）がいるという類似がある。

さて作る人（設計者）は、ワイン（建築）を自らの好みの味で勝手に作る（設計）ことはできるだろうか。もちろん作るのは自由だが、売れないことには意味がない。そこで既存の評価体系のなかから、新たな味を求めるターゲットを想定しなければならない。つまりソムリエのテイスティング項目にあるような甘い・辛い、重い・軽いといった評価体系のなかで、新しい味（デザイン）をどこに置くかを決めなければいけない。そして重要なのは、あらかじめ正解があるわけではなく、価値があとから付与されることである。

正解があれば、作る人（設計者）は人びとの好むポジションに近づく方法を考えればいい。

しかし価値観は現代において多様である。大海へ船出するときの針路、ポジションを決めるという理念こそ、ワイン生産においても建築においても重要なのである。

第5章　頭の中で考える

第4章では、規範なき時代の判断基準として、建築設計には理念が必要だと述べた。では理念は、建築を具体的に設計するさい、いつ・どんな場面で現れるのか。そして理念は、どのように作られるのか。

1　理念を紡ぐ

心の支え

建築の設計は、設計図を描いて表現する。設計図は一九九〇年代前半までは紙に鉛筆で描かれていた。一九九五年頃からWindows95が世に登場し、急激にコンピュータ化された。

しかし紙であろうと、コンピュータであろうと、じつは設計はいきなり図面を描くことから始まらない。

そもそも建築家の仕事は、建築を建てたい人＝クライアントが建築家に依頼をするところから始まる。建築家が自分の自由意志で建築を設計するということはまずない。依頼を受けた建築家はクライアントに会い、建築を建てる敷地を訪れ、その場所の法律、気候、文化（異国の場合もある）、近隣の様子などを調べ、依頼者の要望を反芻する。しかしそこでも、スケッチブックに建物の外観のイメージなどを描くことはない。その前にもう少し下準備がいる。

建築家の設計とは、継続的な創作活動である。建築家は建物が施工されて完成すると、使用者、観賞者から意見をもらい、反省し、次の建物を設計するための新たな方針を考える。その方針もまた次の建物の完成を見て、修正されていく。そうした設計活動の蓄積がどの建築家にもある。このサイクルは建築に限らず、創作活動全般にも当てはまるだろう。

この蓄積された建築家の方針が、規範なき時代の建築家の判断基準となる。すなわち、理念である。

建築家は理念を常日頃から温めている。そして新しい設計をするときに理念を呼び出し、心にしっかり刻んでおく。設計の最初のステップである。呼び出された理念は、設計から工事を監理して竣工を迎えるまでの長い道のりにおける、建築家の心の支えとなる。

自律と他律という前提

建築家が理念を紡ぐにあたり、大きな前提が二つある。それは序章の最後に説明した、自律的建築と他律的建築に関連する。序章では、建築の外の世界から物語や伝説の付着した「装飾」を持ち込んでいた一九世紀までの建築を他律的建築、それを取り去ってのっぺりとした二〇世紀のモダニズム建築を自律的建築と呼んだ。しかし建築の外の世界は、伝説や物語に限らない。

もう一度整理してみよう。建築の形、空間、素材など、建築を作るときに避けては通れぬ概念を「建築に内在する概念」と呼び、これらの概念で作られる建築を「自律的建築」と呼ぶ。他方、使用者、自然、社会、風土、物語など、建築に関わるものの建築それ自体とは一線を画す概念を「建築に外在する概念」と呼び、この概念で作られる建築を「他律的建築」と呼ぶ。

二つの世界を明瞭に描いた二冊の本がある。一つは、二〇世紀初頭にイギリスのジャーナリストであるジェフリー・スコットが著した『人間主義の建築——趣味の歴史をめぐる一考察』(一九一四年)。もう一つは、その約一〇〇年後にロンドン大学の建築史の教授であるエイドリアン・フォーティーが著した『言葉と建築――語彙体系としてのモダニズム』（二〇〇〇年）である。

　前者は、二〇世紀初頭にイギリス建築の主流であったネオゴシック建築を否定し、それ以前のルネサンス建築を肯定する内容だ。当時、ネオゴシックが支持されていた理由は次のようなものだった。①力学的によく考えられている。②正確に神を崇拝している。③ロマン主義が中世的回帰を促すことで、中世の建築スタイルであるゴシックが評価される。④進化論はルネサンス建築がピークを過ぎて消滅することを暗示しているから、他の様式であるゴシックが重視される、という四点である。

　しかし著者のスコットは、こうした建築に外在する概念で建築の価値を語ることを無意味だとして否定した。建築は建築に内在する概念で語る必要がある。すなわち、空間、線、プロポーション、などである。建築は、建築を通してしか価値を人に伝えられない。したがって、建築に外在する概念で建築を評価するのは建築の価値を正当に評価していないことになり、間違いである。建築は建築に内在する概念で評価せよ、と結ぶ。

　ここで確認しておきたいのは、二〇世紀初頭から建築には内在する概念と外在する概念があり、それぞれに立脚する建築批評の観点があったということだ。

　後者のフォーティーの本はどうだろうか。この本はモダニズム建築の思想を構成する言葉を分析した。フォーティーは、モダニズム建築に出てくる言葉を抽出し、それらがいつ・どこで・誰が・どのような意味で使い始めたかを歴史的に調べた。例えば、「空間」という言葉がある。現代的な認識からすれば、空間は建築そのものを指すものだと感じる。しかしこの言葉が建築に使われて価値を持つようになったのは、一九世紀の終わり頃からだ。

それまで使われてこなかった概念が、モダニズム建築の生まれる頃に建築を説明するために必要になったことは、その概念とモダニズム思想の緊密性を示している。この本はそのような言葉を一七選び出した。それらを精査すると、建築に内在する概念と外在する概念に分けられることがわかる。内在する概念はデザイン、柔軟性、形、形式性、機能、秩序、簡潔性、空間、構造、透明性、真実、型。外在する概念は、コンテクスト、歴史、記憶、自然、使用者。そして内在する概念はモダニズム思想の中軸をなし、外在する概念はポストモダニズム思想をサポートするものであることがわかる。ここでも内在と外在は思想の分岐点を浮き彫りにするのだ。

整理すると、スコットの本では内在する概念がルネサンスを、外在する概念がネオゴシックをサポートしていた。フォーティーの本では内在する概念がモダニズムを、外在する概念がポストモダニズムを支えている。時代は変われど、建築を支える概念は内在・外在のどちらかに属し、それによって建築が自律的になったり、他律的になったりすることがわかる。

次節で現代の状況を見てみたい。

建築家の基点

筆者は二〇一八年の夏から日本建築家協会の会報誌の編集長を務め、五〇人を超す建築家にインタビューを行った。テーマは、「建築家の基点」で、建築家の理念がどのように生まれ出るかを探った。建築家たちの学生時代から現在に至るまでの歴史——作品の数々や著書をたどり、そこから基点の仮説を作り、検証した。

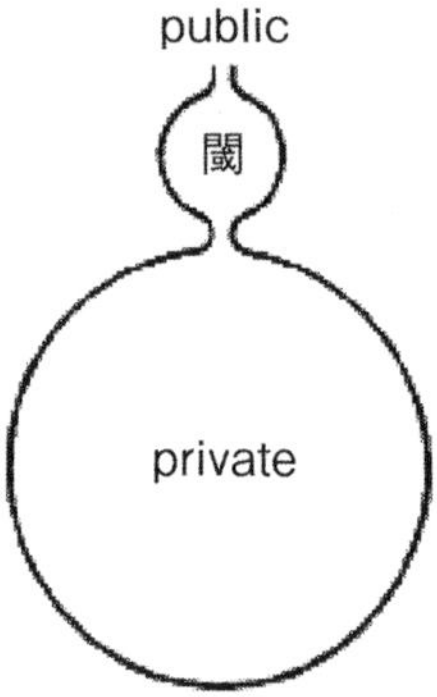

図5－1　山本理顕「閾」

私の仮説は、多くの場合そう外れることはなかった。リサーチしてわかったことは、建築家の基点は、学生時代あるいは最初の事務所の師匠の教えに端を発するか、育ちや環境のなかで醸造されるかのどちらかである。そしてそれは初期の作品に現れるものだ。加えて、基点はのちの建築家人生の中でブラッシュアップされ、修正が施され、理念として定着することである。

一例として、建築家山本理顕《やまもとりけん》の基点を紹介したい。山本は修士論文で、人の住まいという私的空間と外部の公的空間のあいだに中間の場所が必要だと考え、文化人類学の知見を応用

図5－2　山本理顕「東雲キャナルコート」　東京、2003

して「閾《しきい》」と呼んだ（図5－1）。山本はその考えを数十年間保持し続け、住宅系の設計ではつねにこの閾をデザインの中に組み込んだ。

普通のマンション建築では、廊下から家の中は見えない。プライバシーや防犯、防火の理由により、耐火の壁と鉄の扉が部屋と廊下を遮断する。しかし山本は、それではお隣さんとの交流が生まれず、コミュニティが広がらないと考えた。

そこで、共用廊下と家の中の私的空間とのあいだに「閾」を挟み込むことを着想し、部屋と廊下が視覚的に連続するように工夫した。昔の建築でいえば、縁側のようなものだ（図5－2）。これによってパブリック、セミパブリック、プライベートという連続する空間が生まれる。

山本がプライバシーの段階的変化を建築に持ち込むことでコミュニティを作り出そうとする考えは、一つの理念である。それを数十年保持していることは、例外的なことではなく、むしろ筆者がインタビューした五〇人を超える建築家の多くが行っていることなのだ。

外在する概念と内在する概念を思い出そう。山本の理念は、外在する社会の問題に立脚しているのだ。ほかにも、建築に外在する概念として、記憶、歴史を理念に持つ建築家がいることも確認できた。他方、建築に内在する概念として、物、空間、関係性を基点としている建築家もいた。建築家はみな理念を持っている。そしてそれらは建築の自律性を目指すものと、他律性を目指すものに大別される。

流れと淀み

最後に、筆者の理念についてお話ししたい。建築を始めて三〇年以上経つ。初期の頃、建築は建物の中と外の関係を作ることだと考えていた。というのも、建築自体は一度作れば動かない彫刻のようなもの。それに対して、建築を取り巻く環境要素である光、風、風景、使用者、家具、ときに動物もが建築の内外を流動することで建築は有機的に環境と連続する。したがって、この環境要素は流動的に建築の内外の関係を作り、さらに建築を環境に関係づけ、新鮮さを保つと考えた。この環境要素＝流動要素が、建築と同等に重要だと考えるに至ったのである。

しかし流動要素は、つねに流れているわけではない。あるときは停滞している。その流れと淀みは、川の流れに似ている。川では岩が集中するところや、川底が深いところは流れが滞り、淀みができる。建築においても、少し窪んだところや、柱や壁の立ち方によって流れと淀みが生まれ、空間の質が変化し建築に表情を与える。

重要なのは、流れと淀みは、建築の空間やプロポーションのように内在する問題として建築の形を作り上げると同時に、その流れは建築に外在する問題によって決まってくるということだ。先述したように建築の理念は、建築に内在する問題と外在する問題双方を前提として練り上げられる。

筆者は、「流れと淀み」を建築の理念と考え、自律的かつ他律的建築を目指している。新たに設計を始めるときは空気や光、人、外部への視線などがどのように流れるのか、そしてどこで淀むのかを最初に検討する。それは建築のおおよその形が決まる前から漠然と見えてくるのだ。

2　課題を見つける

クライアントの依頼

建築家には理念がある。明快に言語化されている人もいれば、身体化された癖のように建築家に内在化している場合もある。癖を理念と呼ぶのは意外かもしれないが、言語化されない理念とここでは考えておこう。

理念を呼び出し、自らのスタート地点を確認した上で、さて設計は始まるかといえば、その前に重要なステップが存在する。次に行うのは、クライアントとの会話である。

本章の冒頭に話を戻そう。建築家はクライアントから仕事を依頼される。そこでクライアントは三つのことを提示する。建物を建てたい場所、用途、予算だ。依頼にはこの三つが欠かせない。ときとして土地はまだ見つかってないから、一緒に探してほしいということがある。用途も一言では言いがたく、「こんな感じで」と説明するクライアントもいるだろう。予算は銀行の融資の額が確定してないこともある。しかし見切り発車だとしても、建築家と話しながら未定の部分が決定されていく。敷地がなければ建築は建たないし、用途なくして設計はできない。予算が決まらないと仕様が決められない。「では、こうしましょうか」と建築家はクライアントを導く。

建築家にとって、予算はさておき、最初の二つ、「敷地＝環境」と「用途＝プログラム」は建築を考える上で大きなヒントである。暑いか寒いか、山か海か、うるさいか静かか、それらの条件は建築の性能やデザインを基礎づける。

しかし建築家にとって、環境とプログラムだけが建物の基本を決めるわけではない。クライアントの言葉にのぼらない、心のうちに持つ希望が聞こえるときがある。敷地はクライアントが数年間探した末にやっと見つかる場合がある。長い敷地選びの葛藤には、クライアントの希望の根っこが埋まっているのだ。なぜ前の場所がダメだったのか、なぜこの場所でなければいけないのか。日当たり、見晴らしなどの物理的な特性はわかりやすい。しかし敷地にはそれ以外の属性が眠っている。歴史や雰囲気のようなものだ。目に見えない、場合によっては言葉にならないクライアントの希望に設計の芽が潜んでいる。

また、用途＝プログラムの中にもクライアントが気づかないような重要事項が含まれている。プログラムは一般的な言葉で説明される。住宅、宿泊施設、料理店。どのような料理店か、さらにさまざまな言葉が補われる。田舎風の料理、気さくな、誰でも入れるような、など。写真を見せられることもある。そこにクライアントの隠れた意思が見えることもある。

環境、プログラム双方のさまざまな問題の中に、解決すべき課題が眠っているもので、クライアントとの会話から課題を探し出して設計を進めていく。

共同性、感情、AI、物

建築はクライアントのために作るのと同程度、社会のために作るものでもある（第8章「建築家という職業」で詳述する）。環境とプログラムの中に課題を探し出すとき、同時に現代社会の課題も考慮することが望まれる。

とはいえ現代社会の課題は山のようにあって、なかなか特定するのは難しい。次に乗り越えるべきステップである。筆者は、次の四つの問題を意識している。「共同性」、「感情」、「AI（人工知能）」、「物」である。これら四つは建築が関わる地域、人間、技術、素材の中に見出せる現代的な論点、言い換えると建築が社会と関係する糸口なのである。

一つずつ見てみよう。「共同性」は、人びとがある価値観を共有して生まれる集団の性質である。類似した言葉である公共性とは、集団の規模に差がある。公共性は都市単位、国単位、世界単位で価値を共有する集団の性質。他方、共同性はもう少し狭い範囲の集団性である。建築はバブル崩壊後の経済停滞時代に、社会に奉仕する道具という側面が強く意識されるようになった。そこで、建築は共同性にどう組み込まれるかが問われるようになった、とも言える。例えば市庁舎を作るとする。かつては行政を効率的に遂行する場所であることのみを考慮すればよかったのが、今は市民の憩いの場でもあることが想定される。市民の共同性を体現する施設に変わってきているのだ。

次に「感情」。第2章の「美の拡張」で槇文彦が建築の「喜び」を主張していることを紹介した。建築はつまるところ人間の心を豊かにする器である。二一世紀に入り哲学の分野でも、人間の感情の動き＝情動は重視されている。二〇世紀では科学主義、論理一辺倒の思想が必ずしも人びとの幸せや豊さにはつながらなかったという反省があるからだ。これを受けて、人間の感情面を知り、ポジティブな価値を生み出せるかどうかに関心が寄せられるようになった。ビジネスの世界では役員がアートの勉強をするなど、すでに感情面を学ぶということが実践されている。クライアントの感性が豊かになれば、建築への要求もおのずと変化する。

「AI」はすでに建築の設計の近傍にやってきている。AIはいわば、膨大な知識を蓄えた頭脳である。人間の頭脳と異なるのは判断力に劣る、まったく新しい知識を創造できないという部分。しかし知識量は数億倍にものぼるという。建築の世界で、膨大な知識量をいかに使いこなせるかが議論されている。私たちはいわば羊飼いである。膨大な羊をいかに生かすかは、感情にヒントがある。気まぐれ、偏好といった論理思考には現れない心の動きを観察することは人間にしかできない。

最後に「物」。同じく第2章「美の拡張」で物自体建築を例にその重要性に言及した。美が拡張することとは、創造が拡張することである。この哲学的な命題は、観賞にも設計にも関わる。先述のとおり、建築は人のためにあると同時に、自然界の一部であると考えてみよう。そうするとそれは草木、あるいは岩肌のように、自然の部分として見えてくる。そうして、建築を作るとは草木を育てる、あるいは岩肌を削ると同様なものと捉えることも可能だ。

本節で見てきたように、環境、プログラム、社会的問題がそれぞれプロジェクトごとの固有性を持っている。その固有性をもとに課題を見つけ、それを解くことが次のステップとなる。一方、前章で説明した、理念はプロジェクトの固有性ではなく建築家の人格に宿る。したがって、継続的な理念とプロジェクトごとの課題を融合させることが、頭の中で考える設計の終点となる。

第6章　スケッチや模型で考える

1　形を考える

スケッチをする

第5章では建築を設計するときに、頭の中で考えることを説明した。建築という目に見えるものを作るのには、目に見えにくい概念を検討することがことのほか重要なのだ。ウォーミングアップではなく、すでに本番の試合である。

ここからは設計の次のステップ、スケッチや模型を作り、目に見える形で建築を考える段階を見ていこう。

建築家の多くはスケッチブックと筆記用具をつねに携帯する。頭の中に留まっている思考を書き出すために必須の道具である。

言葉を形にするのは難しい。言葉と形のあいだには深い溝が存在するためである。例えば「三角形の部屋」という言葉を形にするのは容易だ。すでに形が言葉の中に示されているからだ。しかし「心が落ち着く部屋」という言葉を形にすることは難しい。心が落ち着くという形があるわけではなく、あるとしてそれを探し出す方法がないからだ。

しかし、建築の思考を説明するには、言葉に形を与えないといけない。例えば、心が落ち着くためには、天井は低くするのがいい、広さはせいぜい四畳半程度がいい、というように。ただしこれらの形は、必ず正しいわけではない。したがって建築家は、言葉から形を絞り出すのではなく、直感的に形を紡ぎ出してしまうこともある。しかし建築家はクライアントに形を説明しなくてはならない。したがって言葉が形の理由になっているほうがクライアントは理解しやすい。形がなんの説明もなく突如現れても、クライアントは納得できない。設計はクライアントが納得するまで終わらないものだ。

建築家はスケッチブックにどのような絵を描くのか。プロジェクトの始まりから終わりまで、しばしばスケッチは変化する。初期の段階のスケッチは、ぼんやりとしたイメージである。柔らかい線で、手のおもむくままに描くことが多い（図6－1）。ぼんやりした三次元的なもの、間取り図のような二次元的なもの、あるいは概念的なダイアグラムもある。

設計が始まり、建物の輪郭が平面的にも立面的にも決まってくると、建物内の機能配置や

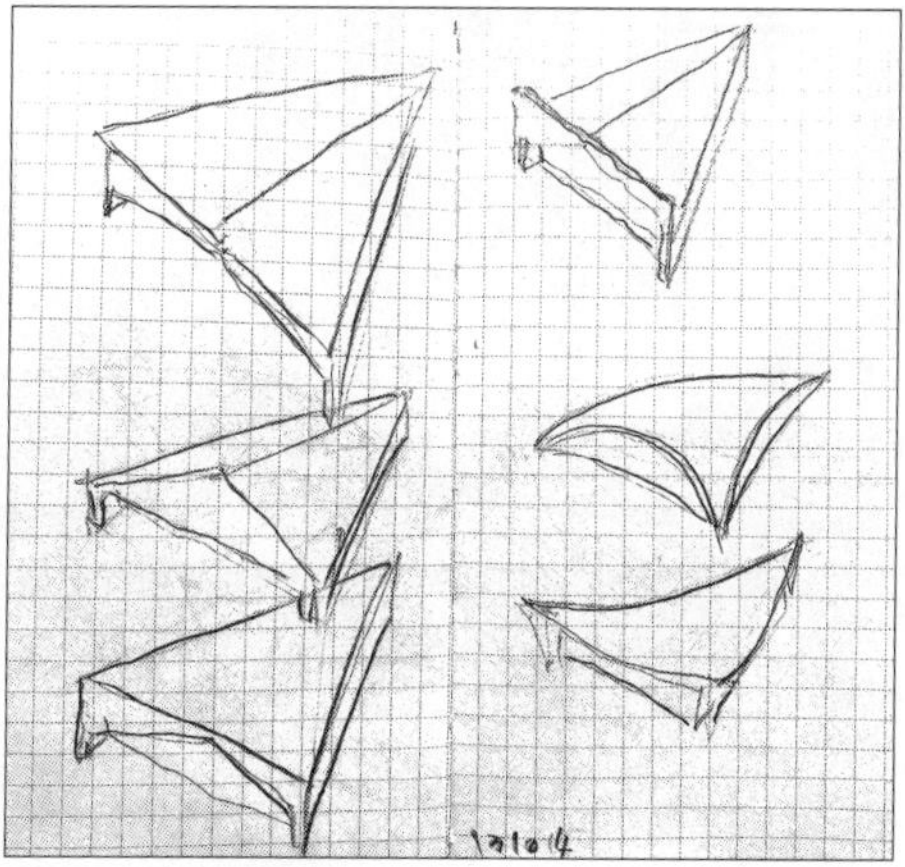

図6－1　坂牛卓「軽井沢トンネル、プロジェクト初期、建物全体のイメージスケッチ」 長野県、2016

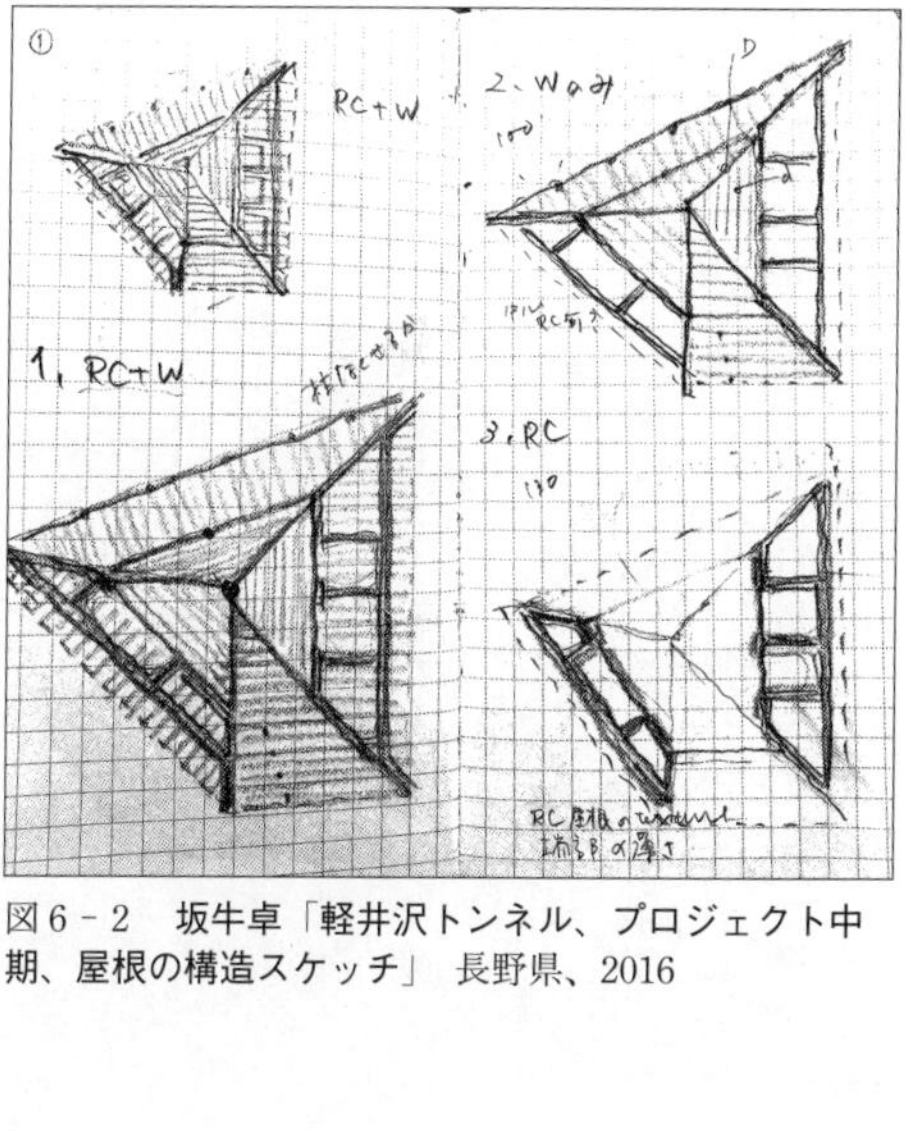

図6－2　坂牛卓「軽井沢トンネル、プロジェクト中期、屋根の構造スケッチ」 長野県、2016

図6－3　坂牛卓「軽井沢トンネル」長野県、2016

構造のスケッチに移る。トイレ、厨房、階段、屋根の配置や構造などである。このあたりで線は鮮明になり、まっすぐになる（図6－2）。

設計図ができて工事が始まると、ディテールと呼ばれる、建物の隅々の施工法を記したスケッチを描く。壁の厚みの中に窓をどうつけるか、といった寸法を決めていく（図6－3）。設計図はあるものの実物を見ると細かな修正が必要なことが多いのだ。

近頃は、スケッチブックではなくタブレットに電子ペンでスケッチする建築家も多い。紙がいらないし、描いたスケッチは無尽蔵に保存できる。加えて描いたものを瞬時に多くの人に送れるのが利点だ。それぞれによいところがあり、筆者は紙とタブレットの両方を利用している。

形状を練る

前項で見たように、スケッチは仕事が進むにつれ、ぼんやりから具体へと変化する。徐々に精密になっていく。スケッチが精密になっていけばいくほど、併記する素材も増えていく。建築は素材を形にする作業でもあるが、素材を先に決めてから形を考えることは少ない。用途が空間の広さや高さを決めるように、形が先に決まることが多いからだ（まれに、地産地消を念頭に素材が先に決まることもある）。

形にもいろいろある。建築家が形を与えるプロセスを見ていこう。形には形状と大きさがある。形状とは丸、三角、四角。三次元の球、三角錐、立方体などである。建築家は思考に形を与えるうえで、もっとも適切な形状を選ぶことになる。

その選び方にはフォーマットがある。すなわち、建築形状のデフォルトと、それからの逸脱である。建築形状のデフォルトを決定するのは、重力と経済性である。重力に対抗するためには、柱は垂直に建ち、床は水平となる。また経済性を上げるためには、材料を直線にすることが合理的となる。したがって、形状はおのずと垂直、水平、直線、平行線、直角に決まってくる。対して、斜め線、曲線、鋭角、鈍角の形状は特殊形状である。

建築に形を与えることとは、前者（直線、平行、直角）をデフォルトに、後者（斜め線、曲線、鋭角、鈍角）を使って逸脱を図るということだ。前者と後者は見た目のみならず、コストも変わる。後者のほうが工事費は高い。お金をかけてもこの形を採用することをクライアントが納得すれば、設計は進む。繰り返しになるが、思考と形の連続性がデザインを実現するうえで不可欠となる。

デフォルトと逸脱の交替は、建築の形状を決めるときに繰り返し行われる。その作業は膨大なものとなる。

大きさと崇高

形には、形状とともに、大きさという問題がある。形を考えるうえで、彫刻と比較してみよう。建築が彫刻と異なるところは二つある。一つは建築に空間があること。もう一つは彫刻よりはるかに大きいことだ。ものの大きさは人を感動させる要因である。巨大なものが「崇高」という価値を持って人を感動させると言ったのはイギリスの哲学者エドマンド・バークだ。そして崇高を理論的に発展させたのは、イマヌエル・カントである。カントはものの大きさには数学的崇高が、ものの強さには力学的崇高があると説明した。そして数学的崇高を説明するのに例示したのはピラミッドだ。ピラミッドを間近で見上げると、その巨大さは人間が一度に把握できる大きさを超えており、構想力の拡大を迫られた人間は能力を全開させるが追いつかない。この心の動きはある感動に至る。その感覚が、数学的崇高である。

カント以降にも、大きさを崇高の感覚だと位置づける人はいた。美術評論家ジョン・ラスキンはこう言う。「実際のところ、どれほど不都合なことがあるにしても、大きさはそれだけで何か決定的な価値を持つ」(『フィレンツェの朝』)。

数学的崇高は、富士山を間近に見るような感動である。建築は二〇世紀のモダニズムの時代に入ると、ますます巨大化していく。鉄筋コンクリートや鉄骨構造が開発され、エレベーターや空調設備が使用可能になったからだ。二〇世紀になって、土木や建築の巨大さが生み出す崇高さをアメリカの美術研究者デビッド・E・ナイは技術的崇高と呼んだ(『American Technological Sublime』一九九四)。超高層ビルを真下から見上げると、ときに畏怖の念を覚えることがないだろうか。

筆者たち建築家は発注者の意向を汲んで建築を作るのであり、権力を駆使してピラミッドを作るわけではない。崇高は意図して作るというより、記念碑の塔、宗教施設、祝祭性のある大ホールなど、必要な時に上手に演出するものだ。そこでは建物の大きさは、設計の一要素として重要視される。

一方、日本には大きさだけではなく、小ささに対しても美的なものを見出す感性がある。例えば、茶室の小さな空間に私たちはミクロコスモスを見出し、心の充足を得たりする。日本家屋は戦後の一時期に「うさぎ小屋」と呼ばれ、その狭小性を揶揄されたが、二一世紀になると小ささゆえの快適性や造形美が再評価されている。

2　素材を考える

模型を作る

多くの建築家はスケッチを描きながら模型を組み立て、三次元的にデザインを検証する。そのとき模型に色を塗ったり、素材を確認するために、木や金属を貼ったり、コンクリートで作ることもある。スケッチで表しきれない素材性は模型のほうが表現しやすいのだ。加えて、模型に素材を貼り付けることで、素材の見え方、光のもとでの変化などが確認できる（図6-4）。筆者が学生の頃、模型はスチレンボードを素材として、表面は白いままで作るのが普通だった。建築において、素材ではなく形が重視されていたからだ。あれから四〇年近く経ち、素材は形と同じく重要なものになっている。それは形一辺倒の考え方への反省のみならず、第2章の「美の拡張」で見たように、物自体建築の価値が高まってきたからだ。

模型とは、建築家が構想していたデザインが実現可能かどうかを、建築が始まる前に確認

図6－4　**坂牛卓「素材感のある模型」**　縮尺1/20

するための道具だ。模型を見て、構想と異なっていれば模型を作り直し、再度確認する。合わせて、図面を描き直す。

模型は、建築家みずから確認するのに加え、クライアントがイメージと一致しているかどうかを確認する役割も担う。通常、クライアントに外観の透視図と間取り図を見せ、イメージに近いかどうかを理解してもらうことが多い。しかし、そうした図面には室内の高さや方向、色や素材の見え方といった情報が欠けているので、空間や質感の把握には限界がある。そこで、模型を見て触ってもらうことが、クライアントの理解の助けとなる。

肌理（テクスチャ）

模型に素材を貼る作業を経て、最終的に建築の素材を決定するとき、建築家が注意することは三つある。それは素材の三つの属性、肌理《きめ》(テクスチャ)、色、透明度である。

仮に一つの素材であっても、肌理、色、透明度がまったく異なる場合がある。例えばタイルがそうだ。磁器質はツルツル、陶器質はざらざらだ。色は限りなくある。不透明なものから、ガラスタイルのように透明度が高いものまである。つまり、「タイル」と指定しただけでは素材を選んだことにはならず、肌理、色、透明度それぞれを決めておく必要がある。

肌理について、もう少し掘り下げて考えてみよう。私たちがものの肌理という場合、手に取れることができるものを対象にすることが多い。例えば、陶器の肌理、布地の肌理などがそうである。肌理、すなわち材料の質感が目や手で確認できることが要点だ。

建築にも、このような視点が存在する。第2章の「美の拡張」で述べたように、建築の近くに寄って顕微鏡で見るような視覚が生まれたのにともない、肌理という視点が誕生したわけだ。例えばシドニーのオペラハウスは貝殻のような屋根をもつ、ヨットの帆の形をした建物として知られている。表面の白い輝きは人びとの視線を引き寄せる(図6-5)。「貝殻の屋根」を近くで見てみると、タイルの目地が幾何学的に刻み込まれていることに気づく。それは遠景のツルツルな光り輝くイメージとは異なる肌理を持っている(図6-6)。

シドニーのオペラハウスのように、遠景と近景では異なる肌理を持つ建築がある。遠景お

図6－5　ヨーン・ウッツォン「シドニー・オペラハウス　遠い視点」 シドニー、1973

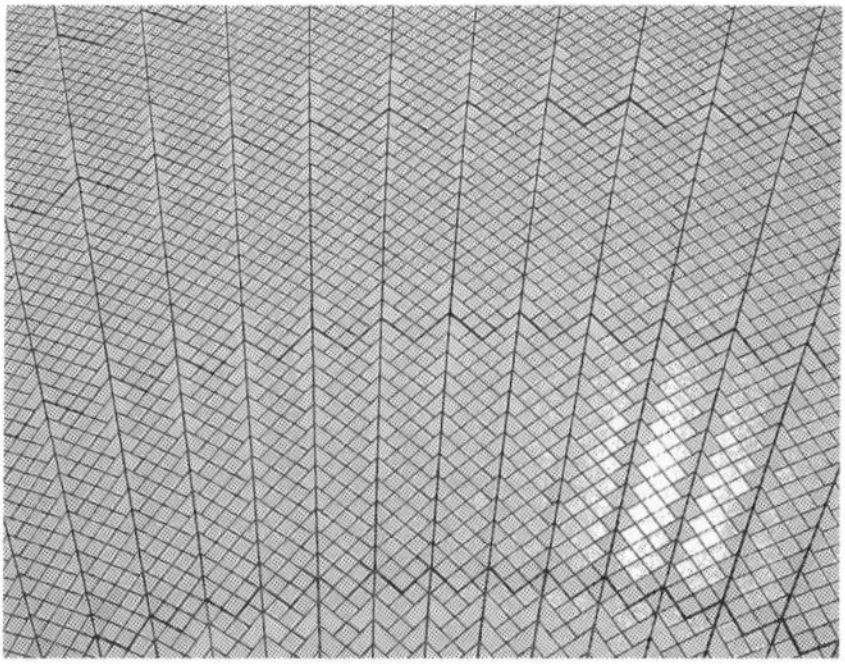

図6－6　ヨーン・ウッツォン「シドニー・オペラハウス　近い視点」 シドニー、1973

よび近景によって肌理が異なって見えるかどうかは素材による。建築家の素材選びは、双方の肌理を操作することでもある。

色

素材の二つめの属性、色について。カントは、色をデザイン要素の下位に置き、重視しなかったことは第2章で述べた。その影響もあって、モダニズム建築でも色は重視されなかった。

西洋建築における色の軽視には、じつは前日譚がある。ルネサンス期に『画家・彫刻家・建築家列伝』を著したジョルジョ・ヴァザーリは本作で、建築、絵画、彫刻は「線的意匠の技芸」と捉えた。ルネサンスの思想家アルベルティも『絵画論』で、「輪郭」「構図」「光と色」の三つを絵画構成要素とし、中でも「輪郭」をもっとも重要だと述べている。このようにルネサンス期では、色よりも線＝輪郭が優先されていたのだ。そして一七世紀のイギリスでは哲学者ジョン・ロックがものの性質を一次性質、二次性質と分類し、二次性質の色を一次性質の形より下位のものとした。カントの議論は、美学史を建築、彫刻に敷衍《ふえん》してあてはめたと言える。

しかし色を下位に置くというルネサンス以来の美学史は、芸術家にとっては精神的な抑圧となる。モダニズムの時代になると、その抑圧に反発する作品が現れる。例えば、第3章で紹介したパリのポンピドゥーセンターを覆うのは極彩色のダクトである。白さで有名なル・コルビュジエは内装には極彩色を使い、後期は外装にも鮮やかさを志向した。のみならずル・コルビュジエは、スイスの壁紙メーカー、サルブラ社から多色の壁紙デザインを発表している。そして自らカラーチャートを作り、設計の指標としていたのだ。こうした変化を経て、現代では色は建築を作り上げる重要な要素となっている。

日本の家屋は古来、無彩色のモノトーンが多く、西洋の建物に比べてはるかに色気がない。代わりに書の文化があるおかげか、灰色の濃淡を見分ける感性がある。

筆者がかつて勤めた設計事務所の日建設計では、独自の色見本帳を持っていた。そこには有彩色は数色しかなく、無彩色は数十種類あった。白には温かみのある白、青白い白、ニュートラルな白の三種類があり、灰色も数段階あった。しかし日本にも徐々に色の文化が浸透して、大胆な色使いも増えている。

透明度

素材の三つめの属性は、透明度である。建築の素材には古来、採光のためにガラスが使われた。ガラスには二種類ある。一つめはプレートガラス。溶けたガラスをお皿に流し込み、

図6－7　ワルター・グロピウス「バウハウス」　ドイツ・デッサウ、1919

冷やして皿から取り出したもの。二つめはフロートガラス。溶けたスズの上に、溶けたガラスを流して作る。フロートガラスははるかにサイズが大きい。溶けたスズの表面は完全に平らであり、その上に乗るガラスも表面張力によって両面を平らにすることができたわけだ。

古来建築は敵から身を守る目的が重要だったので、必要以上に開口部を大きくすることはなかった。加えて、構造体の壁に大きな開口は設けづらい。よってガラスは建物の上部に小さめに光とりとして使われることが多かった。

しかし二〇世紀に入り、ガラスサイズが大きくなったこと、建物を柱で支える技術が進んだことにともない、ガラスを大々的に使う建築が登場しはじめる。ドイツのバウハウスの校舎は、「ガラス革命」のパイオニアといえる建物だ

図6－8　**ピーター・ライス（構造設計）「シテ科学産業博物館」** パリ、1986

（図6－7）。

次にガラス使用の革命が起こったのは二〇世紀の終わり頃である。ガラスの固定に、二つの画期的な工法が発明された。それまではサッシと呼ばれるアルミや鉄の枠に、ガラスをはめこみ、隙間をシールで密閉していた。

これに対し、一つめの発明はストラクチャーシーリングであり、ガラスをサッシに接着力の強いシール剤で接着する工法が編みだされた。サッシを目立たせずにガラスを取りつけることが可能になった。二つめの発明はドットポイントであり、ガラスに穴を開けて器具で留める工法である。この二つの工法の特徴は、いずれもサッシが外から見えないので、建物がガラスだけで覆われているように見えることである（図6－8）。

この二つの工法が発明された二〇世紀終わり頃に、世界で透明建築が急増した。日本でもバブル経済に後押しされ、多少コストが高くとも、透明度の獲得にクライアントは飛びついた。建築家もガラスを武器に設計できることを楽しんだ。

透明度は、建物のオーナーの意思表示にもなる。透明度ある建物は、企業経営の透明性を象徴するようになる。役所にとっても、人びとに開かれた市政をアピールすることにうってつけだ。

こうして透明度は技術的、経済的、あるいは政治的な流れが合流するかのように、二〇世紀末に急速に広まっていった。

3　関係を考える

メタボリズム

肌理、色、透明性を選び、素材を決める。その素材を構成しながら、建築の「物」の関係を考えていく。第5章の「理念を紡ぐ」で説明したとおり、建築は物を置き、物と物のあいだに間《ま》を作る。物とは具体的に、内部では床、壁、天井、外部では壁、屋根である。そのあいだに間が生まれる。

次に建築家はそれらの物や間を並べていく。この並べ方には二種類ある。一つはフラットに並べる。並べる物や間が等価に感じられるように並べるのだ。もう一つはヒエラルキカルに並べる。並べるものに順位が感じられるように並べる方法である。

まず、フラットについて説明しよう。並べるものに順位づけをしない。例えば、学校建築を思い浮かべよう。北側に廊下があり、日当たりのいい南側に校庭に面して同じ形の教室が学年ごとに並んでいただろう。学校教育は平等を旨としているから、教室は形も大きさも同じであることが基本だ。

別の例を見てみよう。東京・乃木坂にある国立新美術館は波打ったガラス張りのホワイエ（広間）が特徴的である。設計は黒川紀章《くろかわきしょう》。しかし展示室は同じ大きさの箱がホワイエに接して均等に並んでいる。展示の量に則して展示室を複数組み合わせ、大きさを変える。しかしユニットは同じ大きさのものがフラットに並んでいる。

また二〇二二年に取り壊されてしまった、やはり黒川紀章の名作、中銀カプセルタワービルも関係を考えるうえで恰好の題材となる。中央の幹に、住戸となる立方体のユニットが固定された集合住宅である。故障したら取り替えるという、黒川のメタボリズムの思想によって作られた建物だ。これもユニットをフラットに並べている。フラットな並べ方は、視覚的

図6－9　黒川紀章「中銀カプセルタワービル」
東京、1972

に空間や物に連続性、リズム、統合感を生むことを私たちに教える（図6－9）。

ここまでは複数の単位がフラットに並ぶ建築を示した。次に一つの単位の中にヒエラルキーのないフラットな空間の例を説明しよう。

例えば、住宅とかオフィスのように人が生活し、事務仕事を行う建築では、現在の間取り

図6-10　**ミース・ファン・デル・ローエ「ファンズワース邸」**　シカゴ、1950

が固定化するよりも、変化にフレキシブルに対応できることが重要となる。

住宅の場合、子供が一人増えると、部屋がもう一つ必要となる。オフィスでは部署や社員数の増加に対応しなければならない。場合に応じた柔軟性が必要で、人が増えたら仕切りを作って場所を増やすなどできるフラットな大部屋が重宝される。

ヒエラルキーを排した発想で作られた住宅に、ミース・ファン・デル・ローエが設計したファンズワース邸（図6-10）がある。建物は、中央部の水回りの箱を囲むワンルームである。ミースはフレキシブルに使える空間を、ユニバーサル・スペースと呼んだ。

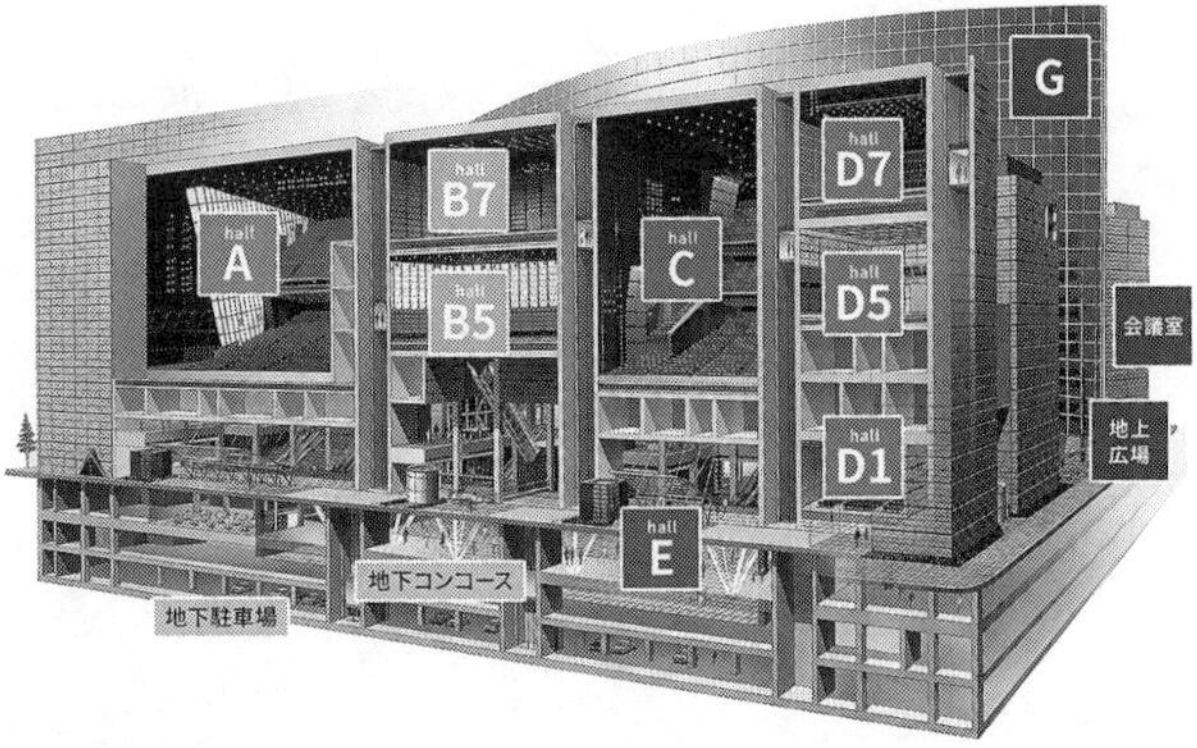

図6-11　東京国際フォーラム　施設一覧図

ヒエラルキーを作る

建築の目的を遂行しようとすると一般的にはエラルキーが生まれる。例えば、会社の役員の部屋は偉い人ほど大きく豪華になる。社内のヒエラルキーの可視化である。逆に会社空間をフラットにすることで、組織のフラット化を目指す企業もある。

交通の要所としての建築も、ヒエラルキーが欠かせない。空港や駅には必ず入場口があり、チケット売り場がある。そして改札や出入国カウンターがある。そこには目的を達成するための順位づけがあり、その順位に則した流れが作られるのだ。

東京国際フォーラムのように、大中小の複数のホール・会議室が集まった施設がある（図6-11）。こうした施設では、空間の使われ方、人の流れを想定して空間のヒエラルキーが作られる。

第7章　実物を見て考える

1　できつつあるもの

頭の中との差

　設計が終わると、図面を元に工事費を施工者に見積もってもらう。金額が妥当なら、クライアントと施工者で工事契約が結ばれ、工事が始まる。建築家はクライアントと設計監理契約を結んでいるので、工事の全体を監理する。他方、工事の細部は施工者が自主管理する。建築家は施工者に設計図の内容を正確に伝える義務がある。

　工事は建物の建つ位置を測量して縄をはり、土地の中におさまっていることを確認することから始まる。地盤が悪いところでは杭を打つ。地盤が固いところは、基礎を作るために基礎底まで土を掘る。

図７－１　**坂牛卓「Fujimi Hut」**　基礎ができたとき　長野県、2023

次に、基礎のコンクリートを流し込む。木造なら基礎の上に土台を載せ、土台の上に柱を建てる。鉄骨造なら基礎の上に直接柱を建てる。コンクリートなら基礎と連続させて柱や壁のコンクリートを打つ。そのようにして建物の構造ができると壁を作り、窓を付ける。複数階の建物なら上階の床を作り、さらに柱を建てていく。最後に屋根を作ると建物の殻《から》ができ、次に内装工事に入る。

建物が建つ過程のなか、設計者はいくつかのポイントで必ず納得と驚きを覚える。まずは、建物の基礎ができたとき（図７－１）。次に、柱が建ち、梁が架けられ建物の輪郭線が見えたとき（図７－２）。そして、内装が進み内部空間が見えはじめたときだ。

基礎ができたとき、土地の大きさが思いの

図7－2　**坂牛卓「Fujimi Hut」**　構造が立ち上がり建物の輪郭が見えたとき　長野県、2023

ほか小さい、あるいは大きいことに驚くことが多い。予想どおりだと思うのは、都会の狭小住宅の場合であり、隣地に家が建ち、これから建つ建物の空間サイズが、できる前から視覚化されている場合だ。

屋根が付いて建物の輪郭線が見えたときにも、同様のズレを感じることがある。頭の中で構想していた建築の全体像との大きさの差を感じるのだ。ズレを少なくしようと、模型やCGを使い事前に建物と空間の大きさをシミュレーションする建築家もいる（図7－3）。

ただ、そうしたズレを感じたからといって、建築家は図面を描き換え、建物を作り直すことはできない。だから目の前の建物を受けとめ、設計の構想を微修正する。この修正はそ

図7－3　坂牛卓「Fujimi hut」 模型写真　2022

の後の素材や色の選び方、外構や庭の作り方までにも影響することがある。完成形を前に、その後の選択を考える。外壁の素材や色は設計図ですでに決定しているものの、この段階で変えることは多々あるのだ。

新しい考え

できつつある建物が図面どおりにできているかを確認する作業が、設計監理という仕事である。設計監理の主旨は図面どおり作られていることを確認するところにあるが、建設中にまったく新しいアイデアが浮かび、設計を変えることもある。

筆者が設計した黄色い茶室から、このことを見てみたい。茶室は、光が差し込むことで、黄色く輝く部屋にしようと思った。クライアントも黄色は幸せの色だと共感してくれた。メキシコの建築家ルイス・バラガンが作った教会のステンドグラスが黄色いガラスで、室内が黄色い空気に満ちていたのを思い出したのがきっかけだった。

やがて建物の壁ができ、開口部が作られた頃に室内に入る光を観察した。コーナーが曲面である、縦四メートル、横八メートルほどの部屋に入る光は、位置によって明るさが異なることがわかった。この明るさの差は、空間に奥行きや立体感を生み出す要素になると感じた。しかし明るさの差が生まれるのは光の入る日中のみで、夜になると光の濃淡の効果がなくなる。それは残念だと感じ、のちに塗る黄色いペンキの明度を場所ごとに変え、あらかじめ光の立体感を作っておこうと考えた。

使った黄色は四種類。彩度や色相は変えず、明度だけを変化させた。結果的に、四色の塗り分けにより部屋の立体感は増した。

また、素材が廃番となることによって、設計の変更を余儀なくされることも多い。東京湾の埋立地にリサイクル工場の設計を手がけることになり、工事が始まってから、建物の二階の壁を覆うガラスの波板が廃番になったと知った。壁をガラスで覆うのは潮風の塩害から建物の外壁を守るためだ。潮風への耐候性の面で、別のガラスを採用したいと思った。

コストをかければいくらでも代替案は見つかるが、同程度の値段の材料はそう簡単に見つ

図7－4　坂牛卓「リーテム東京工場」 東京、2005

からない。試行錯誤のすえ、温室の壁や屋根に用いるガラスサッシは薄いぶん、コストが安いと知った。外観もすっきりとしてよい。

　そうして外壁は温室ガラスサッシで覆うことにした。結果的に、デザインとコストの両面で成功する案件となった（図7－4）。

2　できたもの

噛みしめる

設計してから短くて一年、長くて五年くらいで建物は完成する。竣工式はクライアント、建築家、施工者など、すべての関係者にとって待ち望んだ日である。お披露目の日は喜びの日であると同時に、怖い一日でもある。設計の結果が白日のもとに晒《さら》され、クライアントや関係者の率直な意見を聞くからだ。加えて、建築家自身が自らの理念と課題設定をもとに作りあげた建物と対峙し、結果を受けとめなければならない。

設計図は縮尺があり実物の五〇分の一、一〇〇分の一程度で描く。建築家は頭の中で実物を想像しているが、本物がその想像と合致するとは限らないのだ。

設計者は、建築が想定以上に良いでき栄えであれば、心の中で快哉《かいさい》を叫ぶ。他方で、想定外に悪い仕上がりになっていれば、無念を噛みしめる。それらの反省は次に生かそうと、腹をくくるわけだ。

クライアントや他の建築家からの感想も、教訓となる。賞賛は率直に嬉しいが、あまり記憶に残らない。まっとうな批判は心に刺さり、建築家の糧になる。

また、性能が十分でない部位があると気づくこともある。そうした場合は速やかに施工者に依頼して作り替えや、取り替えを行う。施工が悪くて不具合が起きる場合は、なぜ施工不良になったのかを考える。設計に盲点がなかったかを自問する。

変化を追う

完成した建物はクライアントに引き渡され、使用が始まる。そこではまだ設計監理の仕事は終わらない。一年目検査というものがあり、一年のあいだに発生した不具合を検査する。検査から建築家は色々と学び考える。筆者が、千葉県の海岸から一キロ近く離れた小高い丘の中腹に設計した別荘の検査を行ったときである。外壁は杉板。防腐性能を上げるためにその上に塗装を施した。通常なら七～八年は持つ塗料である。

敷地は海から離れていたので、塩害をそれほど心配しなかった。ところが驚くことに、クライアントはすでに一回塗り直しをしたそうだ。そしてその塗装がかなり劣化していた。海からの風が遠くまで塩分を運んでくるのが原因で、風の強さは想定外だった。

完成して一〇～二〇年くらい経った建物を見ると、新たに違うことを学ぶ。それは維持費用である。木造の一軒家の場合、エアコンを取り替え、屋根と外壁を塗り直し、壊れた部分を直すとなると、二〇〇～三〇〇万円くらいはかかる。月平均にすると一万円くらいだ。その維持費は建物の形状、ディテール、素材と関係するので、建築家自らの設計を反省する材料となる。

建物の変化はさまざまなことを教えてくれる。建物の素材や部品などは往々にして長所のみが宣伝されるが、短所もある。それらは使ってみないとわからない。時間が素材の長短を教えてくれる。すでに使用されて性能が実証されているものを使うほうが安全ではあるが、まったく新しい材料や部品を使うという冒険が道を切り開くこともある。

第8章　建築家という職業

1　明治期の誕生

個の建築家

建築家という職能は西欧で生まれ、明治維新とともに日本に輸入された。西欧で建築家という職能が確立するのはルネサンス期で、フィレンツェの大聖堂のドームを設計したブルネレスキがその嚆矢と言われている。それ以前にも設計者兼施工者のような人たちがいたが、建物に自らの名を冠するような制度はなかった。

イタリア発祥の建築家という職能は、はじめは芸術家として成立したものである。遅れてイギリスに生まれた建築家はエンジニア、そして不動産も扱う職能として成長していった。

明治期に日本が開国して雇い入れた外国人建築家で、銀座のレンガ街を設計したトーマス・ウォートルスはイギリス人だった。東京大学工学部建築学科の前身である工部大学校に勤め、東京丸の内の三菱一号館（現在、美術館）の設計をしたジョサイア・コンドルもそうであったように、日本が雇い入れた外国人技師の大半は、イギリス人であった。

東京大学工学部建築学科は、日本の近代化を担う数々の建築家を輩出している。コンドルが教えた最初の学生が、日本銀行本店（一八九六年）や東京駅（一九一四年）を設計した辰野《たつの》金吾《きんご》、そして赤坂離宮（一九〇九年）を設計した片山東熊《かたやまとうくま》などであった。

その後大正時代に入ると、第三期歌舞伎座（一九二五年）を設計した岡田信一郎、安田講堂（一九二五年）を設計した内田祥三《うちだよしかず》、岸田日出刀《きしだひでと》らが登場する。さらに昭和になると、大隈講堂（一九二七年）を設計した佐藤巧一と佐藤武夫、服部《はっとり》時計店（一九三二年）を設計した渡辺仁《わたなべじん》らが現れる。

戦後では、神奈川県立近代美術館（一九五一年）を設計した坂倉準三《さかくらじゅんぞう》、世界平和記念聖堂（図8－1、一九五四年）を設計した村野藤吾《むらのとうご》、広島平和記念資料館（一九五五年）を設計した丹下健三らが活躍する。このころまでは、東京大学や早稲田大学などの建築学科で戦前から教育を受けたいわばエリートたちが建築界を独占していた。

戦前の大学進学率は大正後期で五％、終戦後の一九六〇年くらいまでは一〇％前後である。つまり、黎明期《れいめいき》の建築家たちは大学で学ぶことができた選ばれし人びとだった。彼らは日本を背負う技師として、官民問わず多くの仕事を任された。

大学進学率は一九六五年から七五年までのあいだに約二〇%から四〇%に急増する。この頃から大学数も増え、建築学科の数も急増する。戦後生まれの団塊世代が大学に入り始めた頃だ。ここから建築家も社会上層部のエリートが占める職能でなくなる。さかのぼって一九五〇年には一級建築士という国家資格が制定され、建築家の制度化が進んでいく。

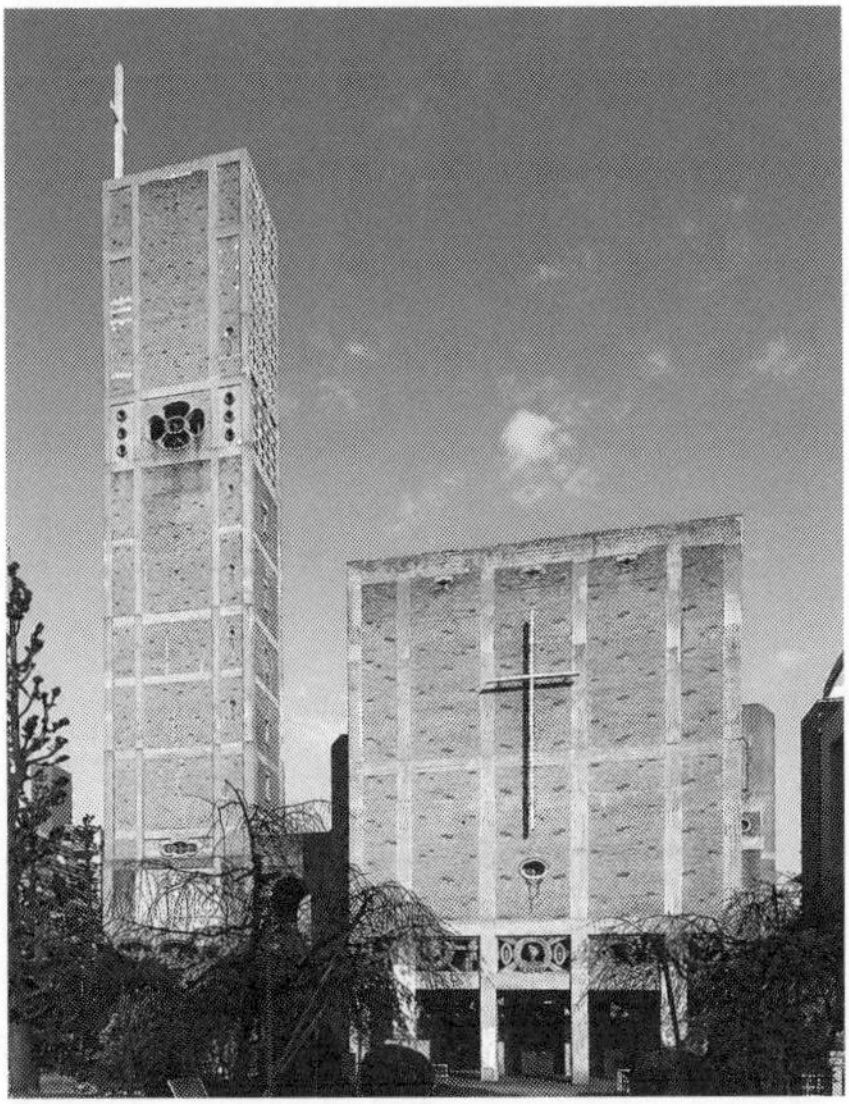

図８－１　**村野藤吾「世界平和記念聖堂」** 広島、1954

現在日本では一〇〇万人を超える建築士が登録されている。建築家は、建築士事務所を登録して、初めて仕事をすることができる。この事務所数は一〇万以上を数える。単純に計算するといち事務所あたり約一〇人となる。

所員数が数百人を数える大規模事務所は一〇〇軒にも及ばないの

で、日本にある設計事務所のほとんどは小規模で個人の名を冠した事務所である。町場のお医者さんと似ている。個人事務所は、芸術的なアトリエ指向のものと、実務指向のものに分かれる。アトリエ指向の事務所は仕事を厳選しながら、一つひとつ作品として世に送り出すことを旨としている。他方、実務指向の事務所は世の中のニーズに着実に応える。割合で言えばアトリエ指向は一割もないだろう。しかし世に知られているのはアトリエ指向の建築家。槇文彦、安藤忠雄、伊東豊雄《いとうとよお》、坂本一成、妹島和世《せじまかずよ》などのビッグネームは皆、アトリエ指向の個の建築家だ。

個の建築家は、大学の教員をしている場合もある。こういう建築家をプロフェッサー・アーキテクトと呼ぶ。そもそも明治以来建築家たちは多くが大学教師を兼ねていた。辰野金吾を先駆けとして、丹下健三、吉阪隆正《よしざかたかまさ》、吉村順三、篠原一男などが、東大、早大、藝大、東工大などの建築学科で教育をしながら、設計活動を並行して行っていた。

集団の建築家

明治に始まった建築家という職業は、基本的に個の建築家が運営する個人事務所で展開されてきた。対して、集団の建築家組織はその外側で発展してきた。一つは一八八五年に発足した逓信《ていしん》省の営繕課であり、民営化を経て、現在はＮＴＴファシリティーズという名に変わった設計事務所である。エリート建築家が集まった建築家集団であった。

また現在の三菱地所設計は、三菱の建築所として一八九〇年に発足。現在日本最大規模の設計事務所である日建設計は、住友本店臨時設計部として一九〇〇年に発足している。それ以外の現在数百人規模の設計事務所はおおむね一九二〇年代から六〇年代の発足だ。いわゆる組織設計事務所である。

組織設計事務所以外の大人数の建築家集団として、ゼネコン設計部が挙げられる。ゼネコンとはgeneral contractorの略で、総合請負業を意味し、工事を全体で請け負う施工会社のことである。建築とは、基礎工事、鉄骨工事、外壁工事、屋根工事など、業種の異なる工事が一連なりに共同するものである。よって工事ごとに職能も職人も別々。ゼネコンはこうした異なる工事を統括して丸ごと請け負うわけだ。その歴史は建築家が誕生するより古く、現在のスーパーゼネコンと呼ばれる大手五社（清水建設、大林組、大成建設、鹿島建設、竹中工務店）の発足は、江戸時代から明治時代にまでさかのぼる。

ゼネコンはやがて施工だけではなく、設計を行う部署をつくるようになる。古くは、清水組（現清水建設）が一八八六年に設計施工一貫体制を開始。設計と施工をまとめて請け負うので、クライアントに一連のサービスを提供できるメリットがある。クライアントからすれば、一つの会社に任せられるので、労力が少ない。こうしてゼネコンの設計部は成長していく。

前節で見たアトリエ指向の個人事務所は、建築家個人の創造性を売り物にしている。また小さな事務所は、親密な付き合いができるぶん、融通が利くという利点がある。一方で集団の事務所のセールスポイントはどこにあるのだろうか。これは組織設計事務所とゼネコン設計部では体質が異なるのでそれぞれ見ていこう。

組織設計事務所には、構造設計者、設備設計者が社員として働いている。第4章で述べたように建築の設計は構造設計者、設備設計者、意匠設計者三者の共同作業である。個人事務所は構造設計者と設備設計者を外注して共同しながら仕事を行うのに比べると、社内共同は三者を抱えこむので安定感がある。また組織事務所には土木や都市計画などの専門家もおり、総合力が高い。

また、組織設計事務所はさまざまな建物の種類の案件が舞いこむので、小さな事務所に比べ、豊富な事例を経験として持つ。建物規模が大きく急に人手が必要な案件であっても、社内でマンパワーの融通が利くなど、チームマネージメント力が高い。

ゼネコン設計部はどうだろうか。設計者は本来施工者と異なる組織にあって、第三者の目で工事を監理するべきだとも言えるが、設計と施工を一体で行う事による安心感と利便性がクライアントを惹きつける。

加えてゼネコンの優れている点は、潤沢な資金力をもとに技術研究所を持っている点だ。建築技術は日進月歩である。新しい技術は、安全性、施工性、工費の縮減、またこんにちではとくに環境への配慮などの点でつねに進化している。技術革新を継続して展開できるのは、国の機関を除けばゼネコンとメーカーの研究所ぐらいだ。こうしてゼネコン設計部は最新技術情報が集結する場となる。

個で動く建築家と、集団で動く建築家にはそれぞれ長所がある。建築という仕事に芸術的側面と技術的側面がある以上、二つの働き方が並存するのは宿命と言えよう。

2　建築家になる道筋

素質

建築家になるためには、建築士という資格を取る必要がある。大学の授業で建築士制度が定める必要単位を取得し、実地の仕事あるいはインターンシップで経験を積むと、建築士試験の受験資格が得られる。試験は学科試験と実技試験に分かれている。

他の資格にも共通することだが、建築士の資格も「足の裏のご飯粒」と言われる。取らないと一人前と認められないが、取ったからといって誇れるものでもない。つまり、建築士の資格は建築家になるための必要条件の一つであるが、十分条件ではない。

では建築家に求められる「資質」は何かと問われれば、音楽家や運動選手に求められる資質に近いと言える。音楽も運動も同じ動作を繰り返し練習する。体に動きを覚えさせる点で似ている。いつも同じ動きができるように鍛錬すれば、望むときに同じ音を出せるし、同じシュートを打てる。同様に、次のステップは少しだけ動きを変える練習だ。半音高い音を出すには、ピアノなら白鍵の隣の黒鍵を叩き、ヴァイオリンなら指半分をずらして弦を引く。運動なら、蹴る角度を少し変えてシュートの方向を変える。少しずつ変化を凝らすなかで、体得する余白を増やしていく。

建築の意匠も、見えないところからゴールを見定める作業なのだ。案が一つできたら、微妙に異なるバリエーションを新たに作ることが重要となる。指半分や、パスの先を微妙にずらすのと同じような感覚で、壁を一〇センチずらす、二〇センチずらすというバリエーションを用意する。気の長い試行錯誤だ。わずかな差を噛みしめながら、最善の案を見定める能力が建築家には必要な資質だと思う。

ときとして素敵な形をパッと象る、色彩センスに優れた、空間把握能力が高い、距離感がいい、といった才能を持つ人に出会うことがある。しかし一回や二回、目を見張るものができてもダメなのである。継続して、技やセンスを蓄積し、よい建築を作り続けないといけない。よって継続する力が重要で、とりわけ根気が求められる。

そしてもう一つ重要な力は、自律心だ。建築規模が大きい案件は、集団で設計している。だが最終的にはチームのトップの責任でゴーサインを出す。トップに立って仕事をする人間を助けてくれる人はいない。建築家には全体のトップに立って、自らの意思で行動できる自律心が求められる。

大学教育

第1章で紹介したように、建築家になるための教育は、大学の工学部、美術学部、家政学部で行われている。それぞれ力点が少し異なるものの、用・強・美（設備と計画・構造・意匠）のバランスを備えた教育が行われている。

この包括的な教育は日本独自のもので、海外の建築学科では設備や構造の専門的なカリキュラムまでは教えない。それらはエンジニアリング学部で教えるものであり、「建築はエンジニアリングではない」という認識が世界ではデフォルトである。

筆者が留学したカリフォルニア大学ロサンゼルス校（UCLA）の建築都市計画学部はアートスクールと同じ部門にあり、設備や構造の授業はエンジニアリング学部でなされていた

図8－2　「UCLA 建築都市計画学部棟」

（図8－2）。

したがって欧米では、ほぼ建築学科だけで学部が構成され、カリキュラムは歴史保存、サスティナビリティ、建築理論、建築史、建築構法などに細かく分類されるところが多い。ラテンアメリカでは、建築＋デザイン学部と命名されている。そこでは写真、グラフィック、ファッションなどの学科と、建築学科が同列に置かれているのだ。

日本の建築学科ではエンジニアリング部門が併設されているのは、前節で見たように、近代建築の黎明期に招聘《しょうへい》した英国人の建築家が施した教育が比較的エンジニアリングを重視したことにも起因すると思われる。

建築家を目指す人は学部三年生まで意匠、構造、設備のすべてを満遍なく学び、四年生になって研究室に所属するようになると、意匠分野に特化した研究を行う。意匠の授業でもっとも重要かつ大変なのは、設計製図である。大学二年生くらいから毎学期課せられる演習科目で、半期に二つほど課題が出されてその設計を行う。小さな建物、例えば住宅の設計から始まり、学年が上がると、図書館などの規模の大きな建物の設計を行う。

これらの作業は大学の演習時間内に終わるものではなく、締切りの一週間前は徹夜の連続となる。建築意匠を志す学生の中にはこの大変さから、構造や設備という違う分野への転向を考える者も現れる。

3　建築家の見方

三方よし

建築家の仕事の仕方として、近江《おうみ》商人の三方よしの思想がお手本になる。すなわち、「客よし、自分よし、世間よし」である。客と自分の利益を考え、社会のことも考えてこそ商いは持続するという考え方だ。

建築はクライアント（お客）から仕事をいただく。だから建築家にとって、仕事を命じるクライアントは神様である。しかしだからといって、クライアントの望みを一〇〇%叶えることが建築家の使命かというと、そうではない。

建築家とクライアントと社会は三つ巴《どもえ》の関係にあり、建築家は社会とクライアントの双方のニーズを汲み取り、双方によいものを作らないといけない。しかし場合によってはクライアントのニーズと社会のニーズにズレが起こることもある。そのとき、ズレを現実的に調停するのが建築家の責務である。

例えば筆者が一九八九年に日建設計に入社して最初に設計した日比谷ダイビルは、既存の古いオフィスビルを壊して建て替える計画だった。しかしその古いオフィスビルは文化勲章を受賞した著名な建築家の若き日の設計であった。建物には彼がデザインした、鬼や動物の顔を表した縦横一メートルほどの大きな彫刻があり、建築学会などからは保存の要望が出ていた。

しかしクライアントとしては、古くなって使いづらくなった建物を建て替えたいわけで、それが不動産業を営む企業の事業計画としては真っ当なものである。双方のニーズを現実的に調停しなければならない。そこで既存の建物に付いていた鬼や動物の彫刻を新しい建物に移して取り付けることで、古い建物の記憶を残した新旧一体の建物を作ることに努めた（図8−3）。

図８－３　日建設計「日比谷ダイビル　動物面」東京、1989

古い建物をそのまま残すことはできないが、コストがかかったものの、彫刻を保存して取り付けることをクライアントに理解してもらった。クライアント側も、彫刻を残すことが建築文化を継承する上で必要なことだと十分理解されての英断であったと思う。

さてここまでは「客よし、世間よし」の話である。「自分よし」がどこかにあったかと振り返るとき、筆者にはあえて譲らずに実現に漕ぎ着けた設計がある。

同じく日比谷ダイビルの入り口に、ガラスとガラスブロックで覆ったエントランスホールを作った。入口の明るさを追求して、エントランスホールから庭に至る開口部に透明さをもたらすことが重要だった。明るさと透明さの二つが建物全体の要になると考えたゆえ

図8－4　日建設計「日比谷ダイビル　エントランスホール」東京、1989

で、筆者の強いこだわりであった（図8－4）。明るいエントランスホールを構えることで、建物は存在感が増したと思っている。三方よしがあってこそなしうる設計であった。

四種類の建築家

建築家には四種類ある。本章第1節で、活動規模の点で個の建築家と集団の建築家がいることを述べた。他方で行為の属性の点で、建築家は四つに分けられる。①建築家然とした建築家、②活動家的建築家、③芸術家的建築家、④理論的建築家である。

建築家然とした建築家は、建築を求めるいかなるクライアントにも分け隔てなく、その要望をふまえ、正当な対価と時間をかけて設計を進める。十分な経験と技術的蓄積、美的センスを持ち、瑕疵《かし》なく、施工不良が生まれないように監理をし、完全さを求めて完成品をクライアントに届けることを旨として設計をする建築家である。彼らのモットーは近江商人的に言えば、三方よしではなく何といっても「客よし」だ。もちろん「世間」も「自分」も省みるが、一番大事なのは「客」である。

活動家的建築家は、政治の世界の活動家に近い。いまの世の中は理想状態ではなく、修復しなければいけないという認識がまずある。建築をもって欠陥を是正し、そのことを社会にアピールする活動を続けるプロパガンダ建築家である。彼らがアピールする先は、「世間」である。「世間」に対して、世間の変革を訴える。だから「自分」の主張は二の次、「客」は世直し思想に共感する人となる。重要なのは、「世間」である。

芸術家的建築家はどうだろうか。建築はもともと芸術であったが、二〇世紀以降、機能の器としての建築が重視されてきたことにより、芸術の側面は後退したといえる。彼らの設計は、「自分」を最大限に生かすことが重要課題である。「世間」に対しては、芸術作品としての建築が社会によい影響を与えるものと主張する。そして芸術作品に関心を持つ人が「客」となるので、建築家において「自分」を最優先させることと「客」を喜ばせることは同義となる。

最後は理論的建築家である。世の中に必要な建築を歴史的、哲学的に考察し、設計を歴史の中に位置づける人びとである。彼らは建築とは何かという思考に重点を置き、来たるべき建築の未来への水先案内人となることを目指し、自らの活動を理論化していく。彼らは「客」「自分」「世間」を等価に見て、三方よしのバランスをとる建築家である。

未来の「建築病院」

以上のように、建築家は自らのアイデアをふまえ、クライアントと社会双方のニーズを汲みとり、調停を行う人びとである。明治以来、建築家のあり方はそれほど大きく変化することもなく継続してきた。

しかし二一世紀に入ると、職能の幅は多岐にわたり拡大している。理由は大きく三つある。一つめは、建築と土木という二つの工学の境界が曖昧になり連続的になったこと。二つめは、社会が建築に求めるニーズが多様化してきたこと。三つめは、経済が停滞するにつれ建築を作る予算も減り、リノベーションを積極的に考える必要が生まれてきたことによる。

具体的に見ていこう。一つめの建築と土木の境界の変化については、都市デザインが変化していることに関係する。一昔前は、建築家は建築を、土木は道路を、商店会はお店をというふうにバラバラに検討し設計していた。しかし建物と道路とお店はひとつながりのものである。そこで、それぞれの設計者管理者が顔をつき合わせてその関係性をともにデザインす

図8－5　坂牛研究室「旧富士製氷（リノベーション）」富士吉田、2015

るようになってきたのだ。

建築と土木が融合する流れは公的にも見られる。かつては土木の管轄は運輸省、建築の管轄は建設省であり、役所においてそれらの交流は少なかった。こんにちでは国土交通省が両方を管轄する。領域の融合が、新しい設計が生まれる素地になっているのだ。

社会のニーズは、どのように多様化しているか。建築は長きにわたり人間の住空間に過ぎなかった。しかし当然のことながら、私たちが生活する空間には自然、道、河川、畑、田んぼなど、さまざまなものがある。道や河川は土木の領域であり、畑や田んぼは農学の領域であったために、建築家は関与してこなかった。同じく土木の専門家たちは意匠デザインを建築家に任せてきた。だがこんにち、河、道、畑、田んぼを建築やデザインの視点でつくるニーズが現れている。建築、土木、農学など関連する学問分野が共同して課題を解決するのだ。

経済停滞期に生まれたのが、リノベーションである。現存する建物を壊さず、うまく使う。リノベーションは建築に限らない。ファッションでもインダストリアルデザインでも同じだ。既存のものを改造することが、新しい価値を生み出すことになるのだ。

建築家は、真新しいピカピカのものばかりを作る時代ではなくなってきた（図8－5）。建築の幅が拡がるにつれ、建築家のタイプもおのずと増える。病院には多くの科があるように、建築も専門分化がおこりそうである。AI科、リノベ科、都市デザイン科、アート科、商店科をもつ、「建築病院」が生まれる日も近いかもしれない。

第三部　社会論——建築の活かし方

第三部は、建築が社会でどのように活かされるかを見てみたい。建築はある時代ある場所の技術や生活が結実したものとして、世相を映す。建築の設計者は、社会の一員としてその社会の習慣や常識を設計に反映させる。また、政治は建築をプロパガンダとして利用し、経済と資本の波は建築活動に影響を及ぼす。

第9章　世相が建築に映る

建築は社会を映す鏡となるときがある。本章では、建築に映し出される時代、社会の目標、そして社会の歪みについて考えてみたい。

1　時代

スカイスクレーパーの驚異

一九世紀の終わり頃、シカゴに背の高い建物が作られるようになる。人びとは建物が空を掻き取るように見えることから、こうしたビルをスカイ（空）スクレーパー（掻き取るもの）と呼ぶようになった。その先駆けと言われているのが、当時世界一の高さをほこったシ

図9-1　ダニエル・バーナム「フラットアイアンビル」　ニューヨーク、1902

カゴのオーディトリアムビル（一七階建て八二メートル、一八八九年）である。

やがて建物の「高さ競争」の舞台が、ニューヨークに移る。皮切りとなったのが、一九〇二年に完成したフラットアイアンビル（図9-1）である。マンハッタンを斜めに走るブロードウェイと五番街の交差する三角形の土地に建つ建物だ。敷地が三角形なので建物も鋭角の角を持つ特徴的な形をしている。高さは世界一ではなかったが（当時世界一高い建物は一一九・二メートルあったパークロウビル）、船の帆先のような斬新さが人びとの目を引いた。二二階建て／八七メートルで、設計はダニエル・バーナムだ。

その後ニューヨークでは、一九二九年の株価暴落で始まった世界恐慌に見舞われるまで、高さ競争は続いた。一九〇八年にできたシンガービルは四七階／一八七メートル。一九〇九年にできたメトロポリタン生命保険会社タワーは五〇階／二一三メートル、一九一三年にできたウールワースビルは五七階／二四一メートル、一九三〇年にできたクライスラービルは七七階／二八二メートル。一九三一年にできたエンパイア・ステート・ビルディング（怪獣映画『キングコング』で有名）は一〇二階／四四九メートルを数えた。二〇世紀初めは一〇〇メートルくらいだったビルの高さは三〇年で約四倍になったわけである。

なぜ建築は高くなっていったのだろうか。地価が高いから土地を有効に使うためというのが一般的な答えである。しかし高くするにはお金がかかるし、高くなればエレベーターの台数が増えるからフロアあたりの使用面積は減っていく。高くするのに比例して、建物の有効性が上がるわけではない。

また、高層建築の設計は人間にとって未踏の挑戦であった。建築家は難問を抱えたに違いない。構造的な難しさはもとより、デザインの面でも困ったであろう。

そして何よりも、人びとは建物が勢いよく天に伸びていったことに驚いたに違いない。高層建築の驚異はいかなるものであったのか、クライアントの動機、建築家の方法、社会へのインパクトに注目して、当時の建築雑誌、小説、写真、絵画を参考に答えてみたい。

まず、高い建物を作るクライアントの動機は、経済性では説明できない。建物はある高さ

図9－2　シュリーブ・ラム・アンド・ハーモン「エンパイア・ステート・ビルディング」ニューヨーク、1931

を超えると、効率は落ちてしまうからだ。したがって、経済性に勝る、広告塔として世の耳目を集めることが大きな動機となった。

では、高層建築はどうやって作るのか。建築家たちは中世以来の教会の鐘楼《しょうろう》といった背の高い建物を原型にして、「引き延ばす」ように設計したという。鐘楼は、おもに三つの部分から構成されている。下層が基壇と呼ばれるがっちりした土台、中層では階が反復され、上層は最上階あたりで三角錐の屋根あるいは装飾的な飾りが被《かぶ》さることが多い。高さを形成するためには、中層の反復部分をさらに引き延ばすことで、数階の建物を数十階の建物にリデザインしたのである。

そして、高層建築はアメリカ社会にいかなる影響を与えたのだろうか。当時の小説、絵画、写真から共通して垣間見えるのは、夜空にスカイスクレーパーが光に照らされて浮かび上がる表象である。建物の頂部をライトアップする当時のデザインに（図9-2）、夜の世界の幻想的な雰囲気、夜空を彷徨《さまよ》いながら進みゆく近代社会への期待と不安感が仮託されていたように思われる。

一九世紀末から二〇世紀初頭は、モダニズム文化の時代である。建築以外では、ブルックリン橋が一八八三年ニューヨークのイースト川にかかる。長さは四八六メートル。あたかもエンパイア・ステート・ビルディングを横に倒したかのような巨大さである。近代の夜明けに現れた「巨大さ」に人びとは圧倒され、不安感とともに期待を抱いたのだ。

期待ばかりではない。小説では、スカイスクレーパーの輝きが社会の上層の繁栄を表し、対して下層に広がる貧民街の貧しさが対比的に描かれる。ラジエーター・ビルのアールデコ様式がライトアップされて光るモチーフは絵画にも用いられた。当時の人びとはスカイスクレーパーを近代の「怪物」とみなして憧れと恐怖心を同時に抱いていたことがわかる。

住宅内の女性の場所

巨大なスカイスクレーパーの次は、小さな住宅に目を向けてみよう。住宅が時代を映した一九世紀から二〇世紀にフォーカスしてみたい。家族史の通説では、一九世紀のアメリカ、イギリスでは急速な工業化と並行して、大家族から核家族化が進んだとされる。男性は工場で賃労働をし、家庭で子育てする女性には信仰、従順、純潔、家事が求められる、という規範ができあがる。さらに女性には、一家の経済を担い労働する男性を癒し、家族の団欒《だんらん》を演出する役割が求められた。

しかし一九世紀後半の女性運動と参政権運動に後押しされて女性が家庭から解放される時代となると、家は女性の家事に特化した場所ではなくなる。

日本では明治以降に近代的な住宅が作られ始めるが、当初は家父長制の名残りで、父親のための接客空間を南に、家族が暮らす空間を北に置き、その間を廊下がつなぐ中廊下型の住宅スタイルが生まれる。明治の一九〇三年から三年間夏目漱石が過ごした家はこの間取りであった。その住宅は現在明治村に移築保存されており、南に主人のスペースが、北に茶の間が配されている。日本建築史家平井《ひらい》聖《きよし》氏の図解は当時の使われ方を如実に物語る（図9－3）。この頃西欧でも家事空間は地下の暗い場所に追いやられる傾向があった。洋の東西を問わず、男性優位に家が作られた。

しかしその後女性の地位向上が、建築のモダニズム運動と並行して進行する。モダニズム住宅はデザイン面のみならず、女性の居場所を作ることでも革新的だった。例えばフランク・ロイド・ライトのロビー邸では、男性の居場所であった応接室が北に作られ、女性が昼

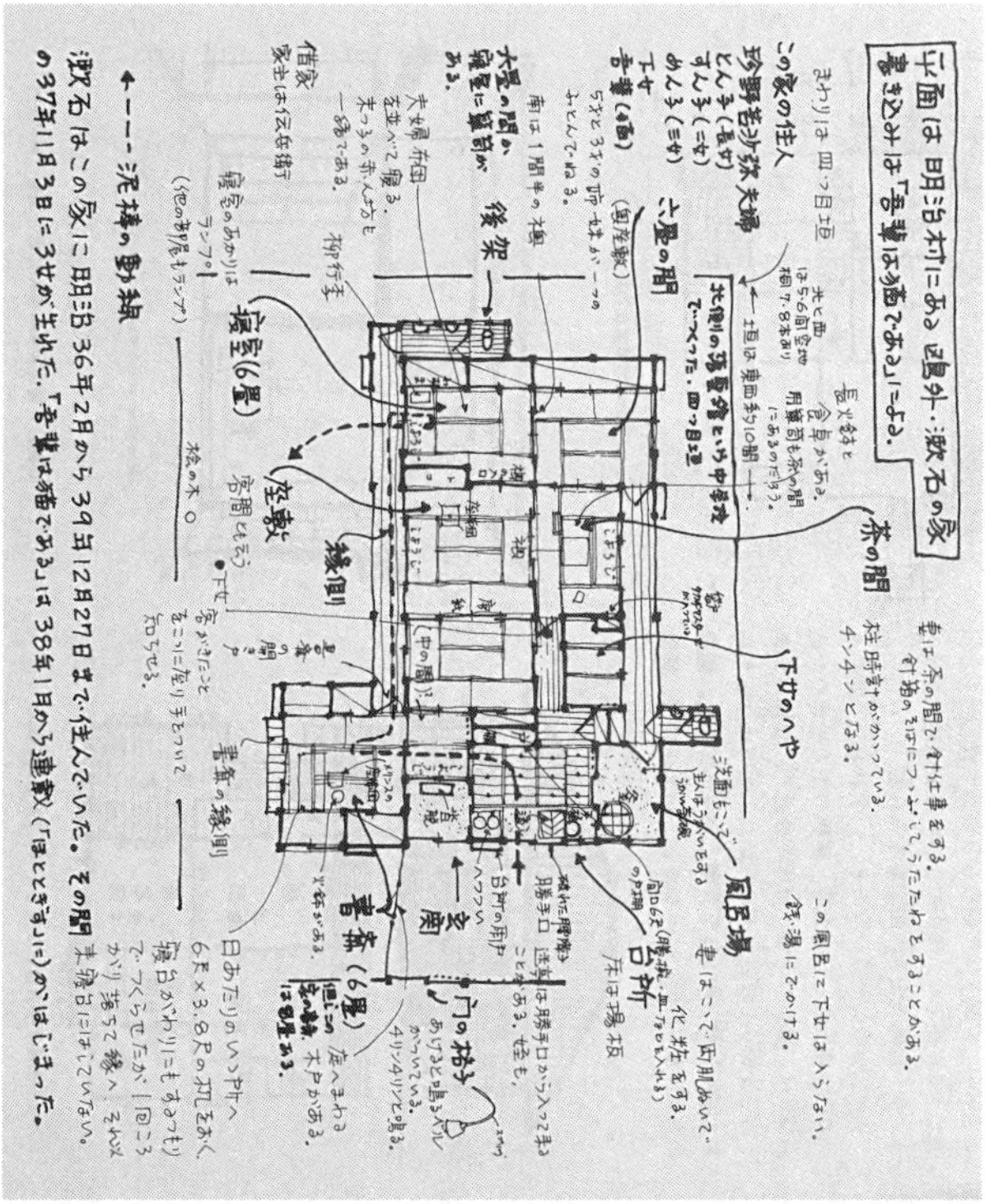

図9－3　「夏目漱石の家」　現在は明治村に移築保存。上が北

過ごす居間が南に作られるようになる。

日本でも昭和に入ると、女性の家事スペースを南に配置した建物が生まれる。女性の地位向上の足跡が住宅の変遷から読み取れるのだ。

2　目標

前節では建築に映り込む世相を見てきた。次に建築が目標を持って社会を改善していく役割を担っている様子を見ていきたい。

3R――ゴミ廃棄の歴史から

社会のサスティナビリティ向上を目指す標語SDGsが生まれたのは二〇一五年。建築はさまざまな部分でSDGsに関わりを持つ。ここでは、廃棄物処理を取り上げよう。はじめにゴミを減らし、再利用する考え方、その歴史からひもといていきたい。

時代は明治期の日本。一九世紀後半から二〇世紀前半にかけての近代化のなかで、日本は公衆衛生の問題に直面していた。ゴミ処理はシステム化されておらず、不法投棄による不衛生は伝染病の原因となっていた。

戦後になっても、人口増にともなうゴミの増加、ゴミ処理場の整備や処理場への運搬方法が確立されなかったことも加わり、ゴミの飛散など、いぜんとして多くの問題を抱えていた。一九六〇年代から七〇年代になると、工場から流出する有害物質によって公害が社会問題となる。そこで廃棄物処理法が一九七〇年に制定され、ゴミ処理場の整備を本格的に開始する。

廃棄物処理法は、処理責任を排出事業者にあると定めている。しかし事業者には処理費用を負担する責任が生まれず、いぜんとして不法投棄が続いた。そこで一九九一年に廃棄物処理法を改正、再生資源利用促進法も制定され、政府はゴミ排出量の抑制、分別、再生を促す。二〇〇〇年には循環型社会形成推進基本法が制定され、ゴミを減らす（リデュース）、再度使う（リユース）、再生する（リサイクル）という3Rの順位づけが定まった。

二一世紀に入ると、3Rを実行するリサイクル施設が整備されていく。右の法整備が、リサイクルを国の都市再生プロジェクトとして位置づけたのである。東京都では、臨海部の中央防波堤内側地区と城南島地区がスーパーエコタウンと命名され、前者にPCB廃棄物処理施設などが、後者には建設、情報機器、食品などのリサイクル施設が整備された。

図9－4　坂牛卓「リーテム東京工場」　東京、2005

再生を行う工場

第7章で述べたように、筆者は城南島地区に情報機器などの再生を行うリーテム東京工場を設計した（図9－4）。事業主の株式会社リーテムは、茨城県水戸市で一九〇九年に再資源化事業を開始した会社である。東京での事業展開の一環として、東京スーパーエコタウン事業への参画に応募して選定された。応募資料を作成するところから、筆者はコンセプトメーキング、建築デザインに参加した。

クライアントとの議論は、施設のあり方の根本を問うことから始まった。これまでの建築基準法の法的枠組みの中ではリサイクル施設はゴミ処理施設として分類されるのだが、クライアントはリサイクル品をゴミではなく原料であると主張した。だからこれはゴミ処理施設ではないし、単なる工場でもない。再生の場だということだ。

そこで私たちはこの施設をこれまでの工場やゴミ処理施設とは機能的にも意匠的にも異なるものにすることを考えた。機能的な考え方の根幹は、工場から博物館へという変化を目指すことだった。人びとがリサイクルに興味を抱き、中を覗いてみたい、見学したいと感じ、そしてリサイクルとはどういうことかを理解してもらえる施設にすることを考えた。それは第5章の「理念を紡ぐ」で記したように、人、物、視線などの「流れ」を考えることと建築をフィットさせるものである。多くの人、あるいは視線の流入を促す建築にしたいと考えた。

建築が人を呼び込むために、道路に面して大きな門の構えを作り、敷地内で働く人びとの姿がよく見えるようにした。リサイクル施設をゴミ処理施設と分類してきたこれまでの制度の中ではこうしたオープンなデザインは認められず、原則として大きな箱で施設全体を密閉するように指導されてきた。匂い、音、埃などが周囲に飛び散ることを懸念するからである。しかしリーテム東京工場は主として、携帯電話、オフィス家具、ベンディングマシンなど匂いや埃が出にくいものを扱うので、都の懸念事項は払拭できることを粘り強く説明した。データを提示して、密閉するより、オープンにして中の活動を見てもらうことのほうが重要であることを最終的に理解してもらった。

建築デザインが当世の社会目標と通じ合うことができた事例である。竣工後、首相をはじめ政界、財界、小学校から大学まで、多くの見学者を受け入れている。

3　社会の歪みに対して

スラム改善

日本には江戸時代から被差別部落があり、東京には一〇〇以上の貧民窟が確認されている。明治にかけてそれらは都心から周辺に移動し、関東大震災以降は東京の外にも拠点を移している。

都心の貧民窟はもはや跡形がないが、世界ではいまだに巨大な貧民窟（スラム）が存在しており、生活環境を改善できないでいる。一事例として、ラテンアメリカ諸国のスラム街の実態と、建築が住環境の改善に寄与している側面について見ていきたい。

二〇一三年に、アルゼンチンの建築家二氏を、国際交流基金の助成を受けて日本に招聘して、展覧会、レクチャー、シンポジウム、ワークショップを行った。ワークショップのテーマは「変換――アルゼンチンにおけるスラム（villas）の整備戦略」である。ブラジルでは、貧民街「ファベーラ」をはじめ、ほとんどの大都市は巨大スラムの問題を抱えている。

図9－5　「アルゼンチンのスラム Villa」

アルゼンチンにも「villa」（図9－5）と呼ばれるスラムがある。ブエノスアイレスにあるスラムの一つ「Villa20」をワークショップの敷地とした。多国籍の人びとが違法滞在して、廃車がところ狭しと積まれ、産業廃棄物や家庭ごみが放置されているエリアである。Villa20がどのように周辺地域、社会、環境と有機的なつながりを持ちうるかを課題として、議論を重ねた。

ワークショップでは、東京理科大学の学生院生数十名に建築がいかに社会的問題にコミットできるかを考え、Villaの改善案を作成してもらった。とりわけ評価された案は、住む場所と働く場所を併設した建築案、人びとの横のつながりを作るために建物周辺に小さな広場を併設した住居案などであった。

スラム改善運動の支援活動をしているホルへ・アンソレーナは、自著『世界の貧困問題と居住運動』（二〇〇七年）で世界各地の住宅獲得活動を紹介し、注目を集めている。またチリ出身の建築家アレハンドロ・アラヴェナは、増改築の余地を残したスラム用の集合住宅「キンタ・モンロイの集合住宅」(二〇〇四年)を提案している。アラヴェナは建築界のノーベル賞と呼ばれるプリツカー賞を二〇一六年に受賞した巨匠である。ディレクターをつとめたヴェネチアビエンナーレで彼が設定したテーマは、「Report From the Front」(最前線からの報告)。フィールド調査した南米のスラムを念頭に、世界各地に残るさまざまな社会問題を改善する手助けをする建築の可能性を追求している。

筆者は二〇一五年にセルバンテス文化センター東京で開かれた「ソーシャル・アーキテクチャ:住居と都市空間」というシンポジウムに参加した。スペイン、ブラジル、アルゼンチンなどの建築家と、スラム、低所得者住宅、民族融和など社会的問題について、建築はその解決にどれほど貢献できるかを議論するものであった。マドリードでは都市の周縁部に大規模な低所得者層団地が作られ、ブラジルでは人口数十万人規模のスラム(ファベーラ)の生活環境の改善を目指した公共施設(学校)が作られている。エクアドルでは民族融和を図るために、先住民が編んだ布を建物に用いるなどの事例が報告されていた。

建築はSDGsの掲げる問題に密接に絡んでいる。持続可能な社会を考えるうえで、建築が注目されるとともに、その意義が問われている。

サンクチュアリ

二〇一七年の冬に、アメリカに生まれマドリードで活躍する建築家ジェフ・ブロックと東京でワークショップを行った。彼が提示した課題は、「サンクチュアリ（聖域）」。ラテン語の Santuarium から来ている、宗教的な言葉である。そしてこんにち宗教的な文脈を超え、二つの意味が備わっている。一つは人間のための神聖な場所、もう一つは人間以外の生物を虐待や迫害から守る安全な場所、という意味である。

ワークショップでは、一六人の学生が現代社会のサンクチュアリを調査し、社会に必要と思われる新たなサンクチュアリを一週間で設計してもらうことにした。

調査の最初に浮かび上がったのは、難民キャンプである。当時はシリア内戦のなか、ヨーロッパに多数の難民が押し寄せ、各地にキャンプが作られた時期。キャンプは一時的な逃げ場であり、その後難民たちがどのように社会に適合していくかが考察されている。舞台はベルリンの Die Gärtnerei、難民が身を寄せた施設である。Die Gärtnerei とは英語で The Nursery、保育所、苗床、養魚所といった生き物をケアする場所の意味である。ここでは難民の安全を確保するシェルターが用意されているのみならず、かれらが社会に適合するように、アーティスト、建築家がボランティアとして難民たちと協働して、使われなくなった家屋を改造して住処にし、また園芸を学ぶ場所にしている。

図9－6　「826 Valencia」　サンフランシスコ、2002

運営者は、地元のコミュニティで難民との共生を実現する一つの手段として、家屋の建造、園芸、料理、語学の習得などが有効であることを実践的に示したわけだ。Die Gärtnereiでは場所をともにつくりあげることで、建築が難民や住民にとって「心の容器」となっていた。

　サンフランシスコには授業についていけなくなった子供たちが過ごせる学童保育の施設、826Valencia（図9－6）がある。二〇〇二年の創設、名称はヴァレンシア通りの八二六番から来ている。教育者ニニベ・カレガリと作家デイブ・エガースが創設。ドロップアウトした子供たちが文章を書き、自分の言葉で発表を行うことで、主体性や生きる力を育むことをサポートしている。

ヴァレンシア通り八二六番に、カレガリとエガースが見つけた空き家は商業地域だった。食料品と本を売るお店を作り、バックスペースに教育の場所を設けた。子供たちはお店に入る感覚で場所になじんだそうである。先生たちは皆ボランティア。創設の次の年にカリフォルニア教育優秀賞を受賞し、コロナ禍のあいだはオンラインで学びは継続された。二〇年の歴史を経て、全米で九つの支部がつくられ、ボランティアは七一九人、生徒は五六八二人を数えている（二〇二二年）。

筆者は、児童養護施設や子供家庭支援センターを設計している。恵まれない子供のための施設は、かつては郊外に大規模に作られた。しかし大規模な施設ではソーシャルワーカーの目が子供一人ひとりに行き渡らない。こういう施設に来る子供はただでさえ大人の愛が欠如している。十分なケアがなければ回復が難しい。だからなるべく普通の社会環境になじませることが必要である。人里離れた場所に集団隔離するような方法では、人格形成は覚束《おぼつか》ない。

児童養護施設は大きな家のようなものである。子供たちはさまざまな痛みを負っているので、トラウマが表面化することもある。それを和らげて人格を回復させるには時間がかかるもので、ソーシャルワーカーのケアや愛情が必須だろう。建築にできることは、そうしたソーシャルワーカーと子供たちが共存する適度な距離感を持った空間を作ることである。

愛情に飢えている子供たちにとって、ソーシャルワーカーの視線を感じられる空間でなければならない。一方で、大人の監視が強すぎてもいけない。余白のような見えない場所も必要である。見えがくれする空間と距離を設けること。そうすることで子供は建物の中で安心した時間を過ごせるのだ。

サンクチュアリの主役は建築ではないが、子供たちやソーシャルワーカーの関係性をサポートするうえで、建築というハードの意味は大きいと言えよう。

第10章　人や社会が建築を変える

第5章で建築家には理念が必要であり、その前提として、建築に内在する問題と外在する問題があると説明した。本章では建築に外在する問題として、建築が人や社会から受ける影響を考えてみたい。

1　人

主体性と他者性

建築の設計は、建築家という主体のみで行われているわけではない。表現行為はおしなべてそうである。こうした主体を疑う考えは、二〇世紀の後半、ポストモダニズムの勃興とと

図10－1　ブルネレスキほか「サンタ・マリア・デル・フィオーレ大聖堂」 フィレンツェ、1461

もに生まれた。では近代に主体がどのように生まれ、ポストモダニズムを経て、建築の設計にいかなる影響を与えてきたかを見ていこう。

主体概念は一般にはフランスの哲学者ルネ・デカルトが方法的懐疑を提唱して以来のものとされている。「我思うゆえに我あり」という言葉が知られているように、すべてのことを疑うなかで、唯一疑えない主体精神の存在をデカルトが宣言したときに確立した。

建築でいえば、建築家という職能が生まれたルネサンス（一五世紀）に設計主体としての自覚が生まれたと言えよう。先述のように、フィレンツェの大聖堂のドーム（図10－1）を設計したブルネレスキがその嚆矢である。

一七世紀に移り、人間の主体を確たるもの

としたのは、科学の発達とそれに裏打ちされた技術の進歩である。科学的思考による自然現象の説明に人びとは納得し、科学を生み出した人間の力は高く評価される。そして科学は産業革命を引き起こし、建築における工学の基礎を形成する。

例を見てみよう。建築における「動線」（circulation）という言葉は、「循環」を意味する医学用語であった。これが建築に転用され、人や物の流れを表す動線という意味に使われるようになった。主体概念は科学的思考に支えられ、モダニズム建築の潮流を生み、建築にも変革をもたらしたわけである。

しかし主体性を掲げた建築に翳《かげ》りが見え始めた象徴的事件がアメリカで起こる。一九七四年、カリフォルニア大学ロサンゼルス校で行われた公開討論会でのことだ。討論は二つのグループに分かれて行われ、一つはピーター・アイゼンマン（図10-2）、リチャード・マイヤーなど、ル・コルビュジエの建築に価値を見出す「ホワイト派」のグループ。もう一方はロバート・スターン、チャールズ・ムーア（図10-3）など、それに批判的な「グレー派」のグループである。

ムーアはのちのインタビューでホワイト派とグレー派の差について、ホワイト派は作品のテーマを排他的に限定していくが、グレー派は広範な情報源からの影響を受けとめると述べた。つまり、ホワイト派は設計主体を設計者に限定することを強調し、グレー派はさまざま

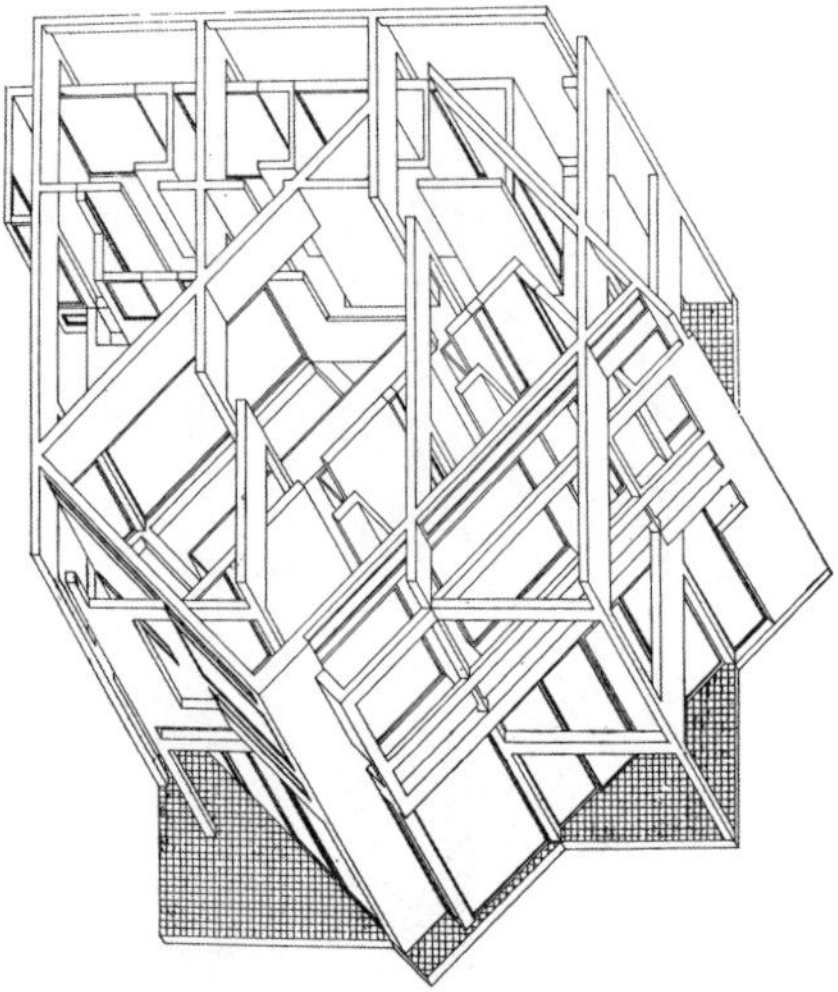

図10-2　ピーター・アイゼンマン「住宅第３号」
イギリス・コーンウォール、1973

な他者を受け入れるというのだ。

筆者は一九八五年に渡米してUCLAでムーアの教育を受けた。日本のホワイト派に属していた篠原一男の元から来たので、グレー派のムーアの教育に少なからぬ驚きがあった。しかし一九八〇年代からグレー派はアメリカの主流になり始め、排他的に主体性を前面に押し出す建築が終わりを迎えようとしていた。

同じ頃に哲学界でも主体に対する懐疑が生まれた。ジャン＝リュック・ナンシーの編著『主体の後に誰が来るのか？』（一九八九年）は、主体の危機をテーマに一五名の哲学者、フッサールから最後のレヴィナスまでが主体あるいは他者の問題を論じている。

音楽ではどうだろうか。一九八〇年代にサンプリングやリミックスの手法により、既成の音を素材にして新たな音を生み出す方法論が確立する。あるいは原曲をアレンジし、新たな

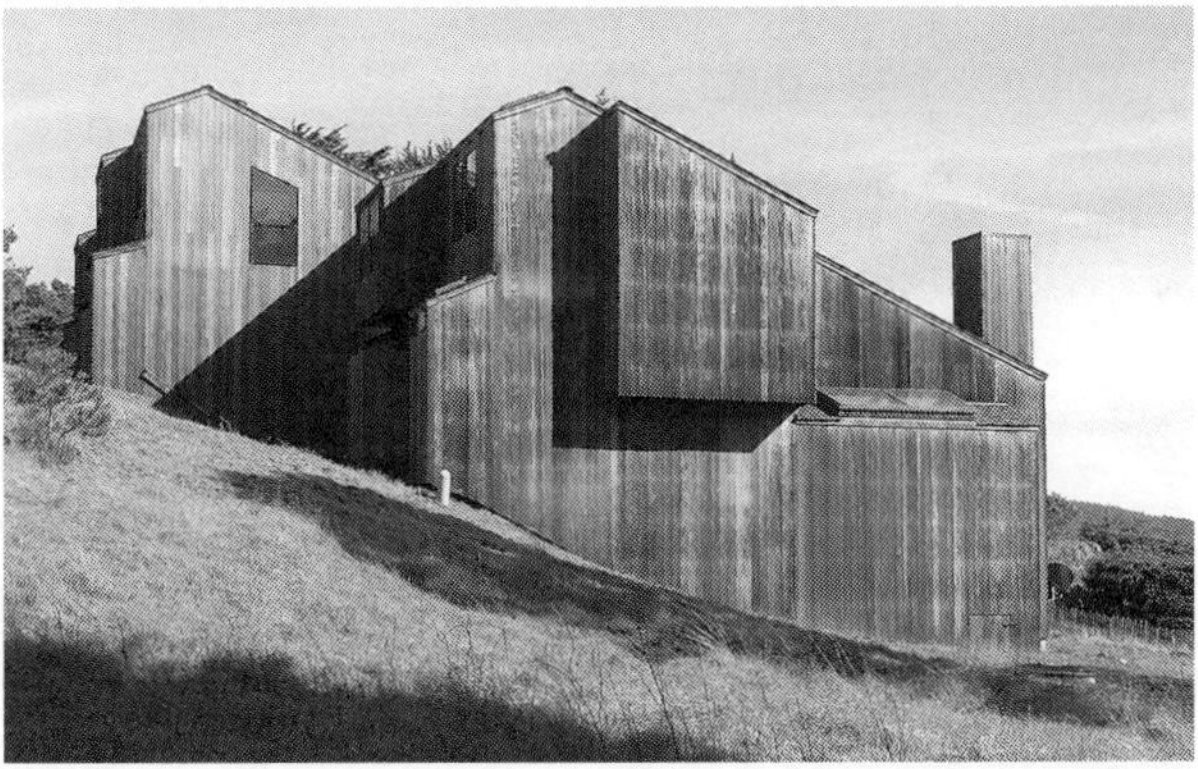

図10-3　**チャールズ・ムーア「シーランチ」**　サンフランシスコ北方、1965

バージョンを作る方法が発明される。

絵画においては、巨匠の名作を完全にコピーして発表する流用という方法が生み出される。建築では磯崎新《いそざきあらた》がミケランジェロのカンピドリオ広場のデザインを白黒反転して、つくばセンタービルの広場に使用したことが話題を博した。

これらはすべて主体性を希薄化させ、アイロニカルに先人の作品を取り込み、二次創作する試みである。過去に手本を求めるのみならず、既存の場所や自然などの他者性に依拠して建築を作る建築家も現れる。

石上純也が手がけたＫＡＩＴ工房は、神奈川工科大学の展示スペース兼学生ラウンジである。空間には、四五メートル四方の正方形平面に三〇五本の柱が建つ。まるで森のように柱が林立する空間で、学生は自分の好きな場所に椅子を移動して議論し、ランチする。学生が移動することによって、風景はランダムに変わる。学生という他者の存在がこの建築を作ることを最初から想定しているわけだ。他者性と主体性が同等に位置づけられている空間である。

こうした他者性が埋め込まれた新しい主体性の建築が、今後ますます増えていくと思われる。

倫理の変容

第5章の「理念を紡ぐ」で紹介したジェフリー・スコットの『人間主義の建築』(一九一四年)は、当時隆盛を極めたネオゴシック建築を支持する論理を、建築に外在する論理だとして否定した書である。ネオゴシック建築を支持する論理の一つが「倫理」であり、倫理を振りかざす美術評論としてジョン・ラスキンの言葉が紹介される。ラスキンはルネサンス建築を「道徳的本性が堕落している」と評し、異端、不信心、不公正な欲望の産物であると退け、反対にゴシックは倫理的に優れているとした。これに対し、スコットは倫理という建築に外在する論理で建築を評価するのは間違いであると主張する。

ジェフリー・スコットに大きく影響を受けたイギリスの建築史家デビッド・ワトキンは一九七七年に著した『モラリティと建築』においてスコットと同様の論調で、建築に外在する要素で建築を批評することの無意味を主張した。さらに、二人のモダニズムの巨匠を取り上げ、批判を向ける。

檜玉にあがったのは、ミース・ファン・デル・ローエとル・コルビュジエだ。ミースは建築において重要なのは時代精神であり、美学や形式ではないという。またル・コルビュジエは自らが提唱する機械としての住宅は健康で倫理的だという。ワトキンは、彼らの主張は建築に外在する論理で自らの建築を正当化するものだと批判するのだ。二人の巨匠をはじめ、「倫理」が建築デザインをサポートする論理として頻繁に使われていたことは事実である。

こうした倫理観はポストモダニズム期にはどのように変容していったか。ポストモダニズムはいわば既存の価値体系（モダン）や主体を解体する思想であるため、人間が倫理を持つことは困難とされる。

だが、主体的な倫理観に対して、自己から出発して他者を捉えるのではなく、他者から出発して自己を捉える倫理観に注目する議論もある。吉永和加《よしながわか》は『ポストモダン時代の倫理』（二〇〇七年）のなかで、哲学者レヴィナスの他者経由で自己を捉える論理の可能性を見出す。筆者は吉永の他者論は同時代の建築家ロバート・ヴェンチューリの考え方に近いと感じている。ヴェンチューリは主著『建築の多様性と対立性』（一九六六年）の中で、同一性を否定して他者を含むさまざまな価値を肯定し、それによって生まれる対立性をも包含するデザインを目指すべきだと提唱している。

二一世紀に現前する倫理の一つは「エコロジー」である。哲学者ジョージ・マイアソンは『エコロジーとポストモダンの終焉』(二〇〇一年)の中で、ポストモダニズム時代には誰でも信じられる「大きな物語」が、小さな物語に分解したことを認めながらも、二一世紀になって大きな物語としてエコロジーが蘇生してきたという。

エコロジーは建築の世界にも大きな影響を与えている。大企業に属する建築家ほど大々的にエコロジーキャンペーンをしている。エコロジーをうたえば、コレクトネスに到達できるという風潮さえある。しかし重要なのは、エコロジーという概念をどのように建築の実務に組み込めるのかではないだろうか。なぜなら、建築という行為それ自体が、すでに環境を壊すものだからだ。建築をエコロジカルに作るということはもちろん重要だが、それ以前に建築を作ることと地域のあり方との関係を問う姿勢が重要となる。

こうして見ると、倫理の問題はさまざまな方角から建築の設計に影響を及ぼし、建築を変容させていると言える。何より倫理それ自体も不変ではなく、時代とともに変化しているのだ。

2　社会

王のため、市民のため、資本家のために

建築と消費の関係を考えるうえで、あらためて西洋建築史を振りかえろう。

エジプト文明、メソポタミア文明で思い出されるのは、政治権力を象徴するピラミッドである。王は神格化され、王の死は神のもとへ昇って行くことだと考えられた。王と似た形象が遺体と合わせて埋葬され、王の永遠性が強調された。のみならず、王を葬る墳墓であるピラミッドも永遠なものとされた。

エジプト・メソポタミア以降はどうだろうか。『図説世界建築史』の順によればギリシア建築、ローマ建築、ビザンティン建築、イスラム建築、ロマネスク建築、ゴシック建築、メソアメリカ建築、ルネサンス建築、バロック建築、後期バロック・ロココ建築、新古典主義建築、近代建築という流れである。

エジプトからメソアメリカまでは、王、神をあがめる建造物が建築の中心であった。ルネサンス期に商業が栄えると、富裕な貴族や商人のための邸宅が現れる。バロック、ロココでは再び王の建築が重要となる。市民革命後に平等化が進むと、上流階級のブルジョアのため

のさまざまな建築が生まれた。もちろん、いつの時代にも庶民が住まう住宅があった。しかし市民社会が登場するまで、「建築」といえば支配する王や神のものであり、かれらの権威が永続するためのものであった。

近代に入ると、革命を経て階級社会が瓦解し、民主的な市民社会が生まれた。これにより、階級を特徴づけた王宮などは作られなくなった。人びとが豊かに生活する権利を獲得し、劇場、美術館、ホテル、病院などが整備された。また市民革命と同じ頃に起きた産業革命によって、社会のシステムが変化した。すなわち、産業革命により工業製品が生まれ、製品を運ぶために鉄道が敷設される。工業製品を売り買いするための銀行が生まれ、商品が行き交う商業施設、企業、倉庫が形づくられる。資本主義の誕生である。

二〇世紀に入ると、資本主義が社会を大きく前進させる消費社会へと移行した。上流社会のみならず、中産階級の人びとも豊かさを享受できるようになった。

戦後の経済成長期に日本も消費社会に突入する。当初人びとは純粋に耐久消費財（家電や自動車）の機能性、利便性を求めた。しかしやがて消費財が持つイメージやデザイン、いわば記号性が重視され、さらに記号が消費を生み出す事態が生まれる。これを記号消費と呼ぶ。

建築は記号消費の流れに抵抗を続けてきたが、ある時その自己抑圧の限界に達する。伊東豊雄は消費社会の波を無視し続けることに疑義を呈し、そして消費社会の泡沫《うたかた》のように消えていく商業建築を率先して作っていく。また坂本一成は、「使用する物」であった住宅が、「所有する物」としての記号に取って代わられたと警鐘を鳴らしながらも、その流れを無視することもよしとせず、双方の中道を進む必要性を説いた。

記号消費時代の特徴は、商品の実質的な性能や内容ではなく、ブランドやデザイン性がより意味を持って人びとの目に留まることにある。よってメーカーは記号的差異を作ることに専念する。差異が価値を生むからだ。日用品、耐久消費財のみならず、建築にもその波が押しよせる。バブル経済がその状況に拍車をかけた。重商主義で経済力を蓄えたバロック時代の建築を彷彿とさせるものだ。

一九八〇年代に生まれた無印良品はそうした差異化を逆手に取った戦略であった。記号性を脱色した商品設計が無印良品の差異化だったとも言える。

同じように、建築で逆のベクトルを指向してコンセプトを練り上げたのがオランダ生まれの建築家レム・コールハースであった。彼は著書『S, M, L, XL+』（一九九五年）において、地味で無個性な都市をGeneric Cityと呼んで評価している。Genericとは、ノーブランド、無印のことだ。コールハースがGeneric Cityの例としてあげた都市が東京だった。

二一世紀はポスト消費社会と呼ばれる。私たちの消費行動は大きく変わっただろうか。経済の停滞とともに、大量消費やスクラップ&ビルドに再考が迫られている。モノの来歴を尊び、大事に長く使用する、ときに再利用する考え方が注目されている。脱物質主義と言えるかもしれない。しかし資本主義が経済の主軸である以上、生産と消費は経済の二輪であり続け、経済の仕組みが変わらない限り、消費社会が消え去ることはない。

階級から格差へ

次に、社会内部の質の差、階級に目を転じてみよう。例えば江戸時代の日本では、人びとは士農工商に身分が分かれており、服装も住むところも食べるものも異なっていた。

階級社会と衣食住の関係を論じたソースティン・ヴェブレンの『有閑階級の理論』（一八九九年）には、こう書いてある。衣食住のスタイルは一番上の階級から下に滴《したた》り落ちる。階級の下の者は上の者のスタイルに憧れ、模倣し、その一片を手に入れる。上の者は、下の者が同じスタイルを手に入れたことを知るやいなや、異なるスタイルに移り差別化する。そうしてそれぞれの階級は自らのスタイルを保持することで、階級ごとにアイデンティティが保持されてきた。

強固な階級の壁も市民革命によってうち破られる。一七世紀から一九世紀にかけて、イギリスを皮切りに多くの国々で市民革命が起こり、近代市民社会が生まれる。階級の境界線がなくなると、階級ごとのアイデンティティが薄まる。必要になるのは、誰でも使える衣食住である。近代とは階級なき時代、汎用性の時代なのだ。

建築はどうであろうか。序章で紹介したフランスの建築家クロード・ニコラ・ルドゥーが理想とした建築は、「大衆のための建築」だった。ルイ王朝をパトロンとした建築家が、フランス革命後の建築を予見していたのだ。

そして建築の大衆化は、モダニズムの時代の到来とともに花開く。宮殿建築は時代遅れとなり、ル・コルビュジエは「住宅は住むための機械である」というコンセプトのもと、多くの白い箱型住宅「シトロアン」を作り上げる。

そしてル・コルビュジエは、建築家ワルター・グロピウスとともに建築の工業化を提案する。上流階級向けのオーダーメード製品だった建築を大量生産して普通の人びとにあまねく供給しようと考えた。フランスの大衆車「シトロエン」が名前の由来となっているように、シトロアンはまさに大衆に流布することを標榜する住宅であった。

ミース・ファン・デル・ローエは「ユニバーサル・スペース」という空間概念を提案する。特別な用途に特化しない、空間づくりである。裏を返せば、どのような用途にも適用できるのが強みである。

建築の大量生産は日本でスムーズに受け入れられ、多くの商品化住宅の会社が生まれた。街中で目にする住宅展示場がそのことを物語っている。

図10－4　ココ・シャネル「シャネル・スーツ」 1910年代

階級社会の瓦解が衣食住の異なるスタイルを消滅させたことはファッション（衣）においても顕著であった。

ココ・シャネルの活躍はファッションの変遷のみならず、建築を考えるうえでも、示唆に富む。上流貴族のためにではなく、モダニズムの時代に活躍する女性のために働きやすい服をデザインすること。装飾を取り払い、伸縮性のある服を作ること。二つの理念のもとに機能面を重視して、襟を取り除いた女性用のツーピース、シャネル・スーツ（図10－4）を編み出した。

しかしシャネルは働く女性のための新しいスタイルを発明したが、一般の人びとが着られる服とはならなかった。それはあくまでオートクチュール（オーダーメイド）であり、プレタポルテ（既製服）にはならなかった。プレタポルテを普及させたのはアメリカのクレア・マッカーデルだ。彼女の服は安価で大量生産されて多くの人びとの手に渡った。

二〇世紀後半にも、社会内部に質の差が生まれている。新自由主義によって加速した格差社会である。一九八九年のベルリンの壁崩壊以降、小さな政府と競争原理を導入して、アメリカ、イギリス、日本などの先進諸国が直面した問題である。

格差社会は階級社会とは異なり、生活スタイルの差は顕著に現れない。しかし巨大再開発によって高層マンションが次々に建てられ、富裕層のみが住む場所が生まれるジェントリフィケーションという現象が起こり、低所得者が追い出されてしまうこともある。建築は階級社会を形成する一翼であったように、格差社会を担う存在でもある。

グローバルとローカル

グローバリゼーションとは、一国の視点から見れば国際化のことであり、世界的に見れば各国の政治や文化が一つのあり方に収斂《しゅうれん》することである。大きく進展したのが米ソ冷戦の終結後とされるが、本当にそうだろうか。

じつは文化的、政治的な統一の動きは、ローマ帝国時代にさかのぼる。もちろん世界が一つになったわけではないが、文化が大帝国の周縁に伝播したことは歴史が物語っている。共和制時代のローマは中央の支配が属州に及んでいなかったが、カエサル以降は帝国化が進み、属州の文化を包摂していったという。

図10－5　「ローマ劇場」 メリダ、BC24

そのようにして作られた植民都市がフランスのニーム、スペインのメリダ（図10－5）、チュニジアのエル・ジェムなどだ。それらの都市ではいまもローマ時代の遺風を感じることができる。

その後世界に登場した帝国もローマ帝国のように、植民地化した都市を自らの建築文化で埋め尽くした。例えば、イスラム帝国の後ウマイヤ朝の砦にはじまるアルハンブラ宮殿や、インカ帝国が統治したラテンアメリカの諸都市などがそうだ。大航海時代を経て、イギリス、オランダは世界に植民地を作り、自国文化と植民地文化を融合させたコロニアル建築を作り続けた。

一九世紀後半からは、自国の産業を成長させるべく、原料や労働力を調達する目的で他国へ侵略する国が現れた。アメリカやイギリス、フランスなど、のちに連合国と呼ばれる国々である。ドイツやイタリア、のちに枢軸国と呼ばれる国々がそれに続く。一九世紀末に大日本帝国も韓国、台湾に

図10－6　谷口吉郎「東京工業大学水力実験室」 東京、1932

進出し、植民地とした。台湾総督府のデザインは、東京駅を手がけた辰野金吾が得意とした赤煉瓦《れんが》を主体としたものだった。

こうした政治経済的な帝国主義の動きに対して、モダニズム建築が流行したのもこの時代である。ル・コルビュジエの建築に象徴される白い箱型建築が世界中に生まれる（図10－6）。「インターナショナル・スタイル」と呼ばれる、箱型建築の世界的席巻である。政治的あるいは経済的な他国への進出とは異なる、文化的な影響力が世界に浸透した事例と言えよう。

箱型建築の流れは一九七〇年代まで続く。しかし二〇世紀後半には、地方の多様性を守ろうとする運動が起こった。「批判的地域主義」である。この動きはインターナショナル・スタイルに異議を唱えるのではなく、地方性を加味した普遍性を目指した。普遍的な文明観のインパクトと地域性を和解させる考え方だ。

また「ダーティーリアリズム」と呼ばれる、特殊な土着的デザインも生まれた。地域性を重視する場合は、基本的にその地域に残したいと思う風土やデザインがあるものだ。しかし工場地帯に隣接しているとか荒廃したランドスケープの中にあるとかで、その風土が望まれるものではないケースもある。その事実を受けとめ、建築デザインに活かす発想が生まれる。フランスの建築家ジャン・ヌーベル、アメリカの建築家フランク・O・ゲーリーは、工場地帯に隣接する建物を金属製品でくるみ、二つの空間を接続するデザインを編み出した。ダーティーリアリズムは、醜く汚い社会の現実を捉えた一つの試みといえる。

ローカリティ重視の次に起きたのは、二〇世紀末のグローバリゼーションである。先に述べたように、これは東西冷戦の終結にともない、世界全体が資本主義に覆われていく現象である。資本主義の波は建築の世界に覆いかぶさり、建築家も商品化して世界の市場で売買されるようになってきたのだ。

次章では、プロパガンダに注目して、政治および経済が建築に及ぼす影響を見ていきたい。そこでは、世界市場で商品化される建築家の姿も浮き彫りになる。

第11章　政治と経済が利用する

政治とは、法をたよりに領土に居住する人びとの問題を解決する行いである。道路を作り、治水し、港湾を整備し、人びとが生きていく環境を整えるのは政治の仕事である。したがって、政治の主張は否応なく建築を通して表現されることが多い。さらに巨大な土木建築はおのずと人びとの視界に入り込み、政治性を露呈する。その意味で政治は建築に依存する部分が大きい。

また政治の下部構造である経済から建築を見ると、建築とは経済活動そのものである。一国の経済の活性化のために建築は有効に機能する。人びとに仕事を生み出し、賃金を支払うことを建築は可能にする。経済が建築に頼るところも大きいのだ。

1　政治と建築

ファシズム建築

古来、政治の場は国威を発揚する場所として作られ、継承されてきた。近代市民社会へ移行してなおも、政治は国民を牽引する手段として建築を利用してきた。例えば一八世紀、市民革命を経たフランスではそれまで使用されていた豊穣なバロック様式を見直して、簡素さをうたう新古典主義様式を前面に押し出した。一九世紀半ば、明治維新を経た日本では、西欧の建築様式を導入して自国のスタイルを生み出そうとした。

一九世紀後半から二〇世紀にかけて、産業革命、工業の展開で力を持った国々は原料の確保と貿易の発展などを理由に、領土拡大を試みる帝国主義の段階に入る。先に資本主義を展開し帝国化したイギリス、フランス、アメリカなどに対して、後発的に発展をとげたイタリア、ドイツ、日本が反発し、ファシズム（結束）化していった。日独伊のアイデンティティは建築においてどのように表出されたのだろうか。

ファシズム建築を考えるうえで、本節ではイタリア、ドイツ、そして日本におけるプロパガンダと建築の関係を見ていきたい。

イタリアのファシズム化

ムッソリーニがイタリア首相となったのは一九二二年である。経済の好調さを背景に、「ファシズム化」を宣言。国民が民族的な一つの束になって、暴力も辞さず戦う政治姿勢を打ち出す。

その実現に向けてムッソリーニは建築を利用した。イタリア近代建築史を専門とするパオロ・ニコローゾはこう言う。「ムッソリーニは、大衆をファシズムへと教化する目的で建築を用いた。建築が持つ扇動の能力を活用したのだ」。しかしここで大きな問題が生じた。国家的な建築を作るとして、果たしてそのデザインは誰が、どのようにして決めるべきなのか。というのも、ローマに二〇〇〇年の歴史を持つ建築が広く残っているように、イタリアは世界の建築の発祥地だ。しかし時代は建築の近代化を目指すモダニズム期。そこでムッソリーニは、新たに作る国家建築のデザインはあたかも国民の総意として「自発的に生まれたかのように」見せ、かつ国民を教化するものとするように仕組んだのだ。

ムッソリーニは、一つの様式を「発明」する必要を感じた。古くからの伝統であり、かつ近代性を感じさせるものだ。パオロ・ニコローゾの言葉を借りれば、「古代ローマにその起源を発する古典的伝統の総合……国民の中に、帰属意識と国家への誇りとを覚醒させること

図11-1　ジュゼッペ・テラーニ「カサ・デル・ファッショ」コモ、1936

ができ」、一方で近代的でもあるものを目指したのだ。

しかしムッソリーニは当初からこの境地にたどり着いたわけではない。ローマを感じさせる古典的なものからモダニズムを彷彿とさせる無装飾な合理的なものまで、さまざまなスタイルの政府施設があった。例えばファシスト党の地方支部である、北イタリアとスイスの国境の街コモに建つカサ・デル・ファッショ（一九三六年）はモダニズム一色の建物だ（図11-1）。ジュゼッペ・テラーニというイタリアを代表する建築家の一人が設計したものであり、真っ白な大理石が規則正しくグリッド状に並んでいる、純粋なモダニズム建築である。このときはまだローマ的なものをデザインに入れ込むことに執着していない。

しかし一九三〇年代後半になると、はっきりと「発明」の方向性が出てくる。一九四二年に開催されるはずだった幻のローマ万国博覧会のために、一九三五年から建設が始まったローマ郊外の小都市E42を見るとよくわかる。E42の建造物には、アーチや列柱といった古典的なデザインが近代的な箱型建築の中に上手に埋め込まれていたのである（図11-2、11-

図11-2　エルネスト・ラ・パドゥーラ＆ジョヴァンニ・グエッリーニ＆マリオ・ロマーノ「イタリア文明宮（コンペ案）」 E42、1937-38

図11-3　アダルベルト・リーベラ「迎賓・会議場（コンペ案）」 E42、1937-38

3）。独裁者が建築を使って人びとの心を摑むために、新しい様式を発明しなければならなかった。

ドイツのナチス建築

昭和初期に東京大学で教鞭をとった建築家の岸田日出刀は、一九三六年にドイツを訪問した。一〇年前に訪問したときの建築環境と大きな違いを感じ取ったという。一九三三年にナチスが政権を握り、新しい建築づくりに着手していた。一九三七年にはヒトラーお気に入りの建築家アルベルト・シュペーアが弱冠三一歳にしてベルリン市の建築総監に任命され、ナチスによる都市環境整備が本格化する（図11-4、11-5）。

図11-4　アルベルト・シュペーア「ベルリン総統官邸内 モザイクの広間」 1939

一九四一年にはシュペーアの友人であり部下でもあったルドルフ・ヴォルタースが『新ドイツ建築』を著し、ナチス政権下における建築のあり方を提示した。これに呼応するかのよ

図11-5　アルベルト・シュペーア「ツェッペリン広場」　ニュールンベルク、1938

うに、岸田は一九四三年に『ナチス独逸の建築』を著し、自らの視察内容、ヴォルタースの『新独逸建築』の全訳、そしてドイツ情報局編『国民は築く』の全訳をおさめた。

岸田はドイツ建築の二〇世紀をこう説明する。ミース・ファン・デル・ローエ、グロピウスなどが校長を務めた芸術学校バウハウスで教えられていた「国際建築」が、一九三三年を境に否定された。バウハウスは廃校に追い込まれ、教師陣はアメリカに亡命した。代わってアルベルト・シュペーア、ルドルフ・ヴォルタースが重用された。

ナチス建築の特徴とは何か。『新独逸建築』の中から拾ってみたい。本書前半では、新しいドイツ建築の本質と独自性を正しく認識するためには、近い過去を参考にせよとしている。すなわち、一九世紀初頭の古典主義であり、カール・フリードリッヒ・シンケルが古典主義最後の偉大なる建築家と称賛される。

また中盤では、ヒトラーの建築思想が披露される。「公共生活のための建築表出というものは、私的な資本主義的社会生活の目的物の利益のために抑圧されつづけてきた。かかる傾向を除去するということの中にこそ、正に国家社会主義の偉大なる文化史的な課題が存在するのである」。

そして後半では、ドイツではさまざまな建築プロジェクトが進行しており、「かくして、アドルフ・ヒトラーの下にドイツはまさに「建築の時代」に近づきつつあるのである」と結ばれる。

まず明らかになるのは、ヒトラーの建築に対するなみなみならぬ関心の高さである。才能ある若い建築家を重用して、古典主義を参照してベルリンの都市計画を作り上げた。

このようにナチスドイツの建築は一般的に古典主義を標榜したと考えられているが、じつは当時出始めのオーギュスト・ペレやグンナー・アスプルンドらによるモダニズム建築の要素があったと見る向きもある。建築史家の小山明は、ナチスドイツの様式があったわけでないし、ヒトラーが古典主義を終始強要したわけでもない、ヒトラーが任せた建築家たちはそれぞれのスタイルを持っていたと述べている。

日本の帝冠様式

日本はどうだろうか。明治期に西欧の建築様式を取り入れた日本が、やがて「日本らしさ」を発見するようになる。

「議員建築論争」から見ていこう。のち一九三六年に完成する国会議事堂をどのような様式で作るかを議論したものだ。「様式を事前に決めない」「和洋折衷《せっちゅう》」「現代日本にふさわしい新様式」という三つの流れが議題にあがった。明治末のことである。その後大正八年に設計コンペが行われ、入選案がすべて西欧風であることに抗議した建築家の下田菊太郎が、西欧の古典様式の壁面デザインに紫宸殿《ししんでん》のような屋根を載せた折衷デザインを主張した。当時は無視されたこの方法が、その後ときを経て再登場する。

洋風の壁面に和風の屋根をいただくこの類のデザインは帝冠様式と呼ばれ、東京上野に一九三七年に竣工した帝室博物館（現東京国立博物館）はその代表的な建築である（図11－6）。

帝冠様式とは別の形で、「日本らしさ」への探求が続く。二つの事例を紹介したい。

第二次世界大戦が始まり、日本は対アジア政策構想として「大東亜共栄圏」を掲げた。日本から見ると、欧米帝国主義国の支配下にあるアジア諸国の解放を目指し、共存共栄の経済圏を作ろうという構想である。

図11-6　渡辺仁「帝室博物館（現東京国立博物館）」　東京、1937

これにかこつけて、日本建築学会は一九四二年に「大東亜建設記念営造計画」なる設計競技を開催する。建設を前提にしたものではなく、建築家たちに「大東亜共栄圏確立の雄渾なる意図を表象するに足る記念営造計画案」を求めることが目的であった。一等の丹下健三案は、富士山麓に伊勢神宮を彷彿とさせる忠霊神域を作ろうという構想だ。「神の如く神厳にして……新日本建築様式が創造されねばならぬ。……我々は日本民族の伝統と将来に確固たる自信をもつことから出発する」。丹下の言葉から新しい日本を目指す意気込みが感じられるが、神社の様式はあくまで伝統的なものであった。

翌年にはバンコクの文化会館コンペが日本で行われた。こちらは建設を前提とするものだった。大東亜共栄圏の一員として、タイは帝国日本と文化協定を締結していた。したがって、バンコクの文化会館は重要な政治的意味を持っていた。このコンペの一等も丹下健三であった。日本古来の寝殿造に基づいたデザインであるが、幸か不幸か本案は実現を見ずに戦後を迎えた。

帝冠様式にしても、丹下健三のデザイン案にしても、日本政府が先導して作り上げられたものではない。この点で、先に見たイタリアやドイツの戦時建築とは事情が異なる。いわば、建築家側が空気を読み、時局に合わせてデザインを調整したものだ。

なお、のち一九九一年に丹下健三は、雑誌『新建築』の論考「20世紀から21世紀へ：その回想と展望」で当時を振り返っている。そこでは、当時隆盛を極めていたル・コルビュジエ建築については「衛生陶器」のように清潔だが感動を呼ばないと批判。そして「大東亜建設記念営造計画」のコンペについて、「伊勢神宮の屋根だけを地上に建て、……「衛生陶器」のような白い四角い箱ではなく、忠霊塔とか帝冠様式という日本式建築でもない、近代建築と共通性のあるような新しい日本建築の造形を探そう」としたと述べている。

自己弁明の可能性は否めないが、日本とモダニズムの融合を図ろうとしたのは事実であろう。丹下の大政翼賛は体制の目に見えない圧力からなのか、モダニズムに対する自身の純粋な反発であったかはもはやよくわからない。

戦後になると、戦時中のファシズム建築は一掃された。新日本建築家集団（ＮＡＵ）が一九四七年に設立され、設立趣旨は「建築活動の民主化を図り正しい建築文化を建設、普及し」とある。直接的にせよ間接的にせよ、政治が建築に大きな影を落としていたのは事実であろう。

社会主義建築

ファシズム建築は、社会変革を求めた独裁者の意識のもとに、自国の古典デザインを下地にモダニズムの革新性を取り入れるものだった。

次に、全体主義的な社会主義国の建築を見てみたい。社会主義はファシズムと異なり、国民の結束それ自体をイデオロギーの信条とはしていない。マルクス・レーニン主義をベースに、史的唯物論を原理とする。したがって、建築をプロパガンダに使う方法もファシズムとは少し異なる。

次項で詳しく説明するように、中国では毛沢東時代の国家建築の理論的ベースを形成したのは梁思成《りょうしせい》であった。彼は留学していたアメリカでボザール様式を学び、帰国後に社会主義理論の先生であったソ連のスターリン様式を視察し、それらの様式を、母国のそりのある大きな屋根に調和させた。またソ連では当時もっとも前衛的なスタイルとして、構成主義が生まれた。レーニン政権では構成主義は継続的に発展したが、スターリン政権になると、より権威的なデザインへと変化する。しかしそこには自国の古典的な建築デザインを踏襲しようという明確な志向はなかった。

新中国の建設

一九四九年一〇月に中華人民共和国の建国が宣言された。新たな国づくりのためにそれまで海外留学していた建築家、とくにアメリカでボザール様式を学んでいた建築家は召集され、大学での教育者となり、新中国の設計者となった。彼らは毛沢東の思想、ソビエトの歴史を学んだ。したがって、一九五〇年代に彼らが作り上げたのは、ボザール様式とソ連の様式に、中国的なるものを混ぜあわせた新しいスタイルである。

その理論的な支柱は建築家であり建築史家でもあった梁思成（一九〇一～七二）である。日本に生まれた梁は一度一一歳で帰国したのち、ペンシルバニア大学で建築を学び、一九二八年に帰国。中国共産党に深く関わり、国家の伝統的な形を使って社会主義建築をつくることを明言した。

新中国のデザインが確立するまでに、いくつかのステップがあった。まず重要なのは、国章のデザインである。会議には毛沢東、周恩来といった幹部のなかに梁思成も入り、一九五〇年に完成させた。国旗にも使われている五つの星（大きな星は中国共産党、小さな星は人民）が天安門の上に輝く国章である（図11－7）。

次は天安門広場に作られた記念碑である。これは天安門広場の中央に建てられる、人民の英雄を記念するものだ。コンペでは、水平案、人民彫刻案、石碑案が残り、梁思成が毛沢東の言葉がよりよく見えるようにと述べ、石碑案が採用された（図11－8）。

図11－7　**天安門広場に掲げられている「中国国章」**　北京、1950

そしていよいよ国家の「形」が議論された。そこでは梁思成は三つのポイントをあげた。①共産中国を体現する社会主義リアリズム、②歴史に則った伝統的な中国の形、③前二者を折衷させる歴史と政治理念の融合形だった。これに加えて、梁は一九五三年にソ連で建築を学んでいたこともあり、当時ソ連で流行していたスターリン古典主義（Stalinist classicism）とその代表的な塔状建築の影響を強く受けていた（図11－9）。さらに梁の構想は、一九三〇年代の南京で中国国民党のために使われていたボザール様式の建物にも近いものだった。

一九五六年、スターリンの後継者フルシチョフはスターリン批判を繰りひろげ、世界を驚かせた。それをきっかけに中国共産党はソ連と距離を置くようになる。

その後一九五八年から始まる十大建築（建国一〇周年を記念してつくる一〇の建築）の設計

図11-8　梁思成「人民英雄記念碑」 北京、1958

図11-9　梁思成「祖国の建築のイメージ」 1954

図11－10　Zhao Dongri, Zhang Bo and others「人民大会堂」 北京、1959

図11－11　Zhang Kaiji and others「中国国家博物館」 北京、1959

となる。とりわけ重要だった天安門広場の建築デザインにおいて、周恩来はプロレタリア・インターナショナルの表現に国境はないと述べた。天安門広場横にある人民大会堂（図11－10）、中国国家博物館（図11－11）にはそうした国際的な多様性が表れている。

以上のような経緯で、新中国は建築をプロパガンダとして使いながら、新しい様式を作り上げていったのである。

ソ連建築の変容

第一次世界大戦の長期化で疲弊したロシア国民の不満を集約したのがソ連の前衛党ボルシェビキである。党を率いるウラジーミル・レーニンは一九一七年の革命により、国家を制圧した。そして農民の国ロシアを、社会主義体制を通して近代的な工業国にすることを宣言した。ソ連のスタートは、それまでロシア帝国時代には抑圧されていた前衛芸術家たちに希望を与えた。

図11－12　ウラジーミル・タトリン「第三インターナショナル記念塔」（unbuilt）　1920

ウラジーミル・タトリン、カジミール・マレーヴィッチといったロシア・アヴァンギャルドの芸術家が登場するのは一九二〇年代である。タトリンは、一九二〇年に工業製品を構成的に使用した第三インターナショナルの記念塔（図11－12）をデザインし、工業国を目指す国家と歩調を合わせた。マレーヴィッチは、意味を消去し抽象性を旨としたシュプレマティズム絵画を描いた。ソ連の革命性は、アートによって政治宣伝されたのである。

一九二四年にレーニンの死によって後継者となったスターリンは、トロツキーをはじめとしたボルシェビキの有力者を追い出し、一九五三年に死去するまで独裁政権を維持した。

スターリン統治下のソ連建築は、三つの時期に分けることができる。一つめは一九二四年〜三一年で、多くのモダニストがソ連を訪れ、工業国への転身が図られていたソ連モダニズム建築の時期。二つめは一九三二年〜四一年で、モダニズム表現が官僚制支配の権威づけのために記念碑的な造形と古典的装飾を付加される時期。三つめは一九四一年〜五三年、第二次世界大戦と米ソ冷戦期にスターリンの権威を象徴する高層建築が多く作られた時期である。

第一の時期を象徴するのは、一九二五年にパリで行われた現代産業装飾芸術国際博覧会に出品されたコンスタンチン・メルニコフのソビエト館（図11－13）である。ほとんどの建物が保守的なデザインだったのに対して、ル・コルビュジエの設計したエスプリヌーボー館とソビエト館だけが新たな時代を感じさせる新鮮なものだった。

またこの時期エーリヒ・メンデルゾーン、ブルーノ・タウト、アドルフ・ベーネ、ル・コルビュジエなど、多くのモダニストがソ連を訪れ、皆帰国後にこぞってソ連建築の先進性を宣伝した。そして一九二九年にアメリカで大恐慌が起きたときには、多くの建築家が仕事を求めてソ連を訪れた。

スターリン体制下の建築は、当初はモダニズム建築を容認していた。一九二八年に行われたモスクワのセントロソユース本社ビルのコンペでは、ピロティの上にガラスカーテンウォールの箱が載ったル・コルビュジエの案が選ばれ、建設された（図11-14）。ル・コルビュジエが活躍したように、一九二〇年代は、ソ連ではモダニズムの箱建築が主流であった。

図11-13　コンスタンチン・メルニコフ「ソビエト館（現代産業装飾芸術国際博覧会）」　パリ、1925

図11-14　ル・コルビュジエ「セントロソユース」　モスクワ、1936

西側世界が恐慌によって経済が停滞するなか、一九三二年にソ連でソビエト宮のコンペが開催された。この辺りからモダニズム建築は姿を消し始める。共産党幹部はコンペ前からボリス・イオファンの名を匂わせていた。スターリンはコンペに介入し、イオファンにエッフェル塔よりも高い、天に伸びる造形を依頼した（図11-15）。この案は幻に終わったものの、スターリンの建築趣向が世界に知れ渡る事件となった。こうしてソ連では、権威づけのために記念碑的な造形がますます増えていった。

一九三九年からの第二次世界大戦において、ソ連は連合国として戦った。そして戦後の冷戦期に、社会主義リアリズムが確立する。それは資本主義社会の建築と一線を画そうとするものだった。ソ連の美術史家ミハイル・ツァペンコは、「ソビエト建築は真実性も展望もない資本家による建築を圧倒的に凌《しの》ぐものだ」と述べた。

このようにして建築が政治のプロパガンダと一体化するにつれ、建築は巨大化し、スターリン時代の最後の頃は大きさや壮大さが増すばかりだった。そして一九五〇年代には、「7

図11-15　ボリス・イオファン、ウラジーミル・シュコ、ウラジーミル・ゲルフレイフ「ソビエト宮」1932（模型は1947年作成）

図11-16　L.ルドネフ「モスクワ大学」　モスクワ、1953

姉妹（Seven Sisters）」と呼ばれる尖塔型の超高層ビルが七つ完成した。これらはニューヨークの摩天楼に対抗して建てられたもので、社会主義の権勢を誇示し、労働者を鼓舞するものだったという。モスクワ大学、外務省、鉄道省、民間高級ホテルなどである（図11-16）。

一九五三年にスターリンが逝去すると、それまでの記念碑的な建物ではなく、実用的なアパート、学校、店、子供の遊び場、インフラストラクチャーの建設が進められることになった。

レーニン時代からスターリン時代に至る長い年月のなかで、ロシア・アヴァンギャルドの進歩主義的なデザインから古典的な権威主義へと変化しながら、建築は政治プロパガンダとして利用され続けたのである。

2　経済と建築

商品としての建築

第10章で社会のグローバル化について説明したが、グローバル化には経済的側面も多々ある。そこで本節ではグローバル化の経済的側面について述べてみたい。経済のグローバリゼーションはいわば商品が世界中を流通することである。こうした商品交換の急速な進展を、思想家の柄谷行人は歴史の第三段階と捉える。彼は世界歴史を交換の側面から分析して、第一段階を「互酬交換の時代」、第二段階を「服従と保護の交換の時代」、そして第三段階を「商品交換の時代」と捉えた。

第一段階は、人びとが物を習慣的に他人に贈与しその見返りとして物をもらうことで絆を作った。第二段階は、君主が人民を保護することと引き換えに人民は君主に服従した。第三段階は、商品流通が世界的になることですべてが商品化し交換されることになった。

現代社会では、建築は不動産として商品化されてきた。例えば、マンションを購入してそれを賃貸し、利益を上げるというようなことが行われてきた。それが建物そのものを売買するだけではなく、アメリカでは一九六〇年にリート（REIT）と呼ばれる建築を対象とした投資証券が売り出され、日本でも二〇〇一年から販売されている。現物不動産は数千万という資金を用意して購入し、それを管理しなければならない。言ってみれば、投資に加えて経営という側面も持つ。一方リートは証券化されているので、多額の資金を最初に用意し、建築を管理する必要がなく、投資に専念できる。

また不動産投資法人は、投資証券を上場し売買する。建築証券は株券のように販売され、配当が高く、儲かる建物の証券は高値がつく。株と同じ原理だ。建築オーナーは作った瞬間に建物を売却して初期投資をすぐに回収できるメリットがある。建築オーナーは儲け至上主義とは限らないが、リートは建築の目的を利潤追求へ向かわせる傾向がある。

リートは建築を作るための資金集めの効率的な方法として編み出されたもので、経済の活性化には寄与しているものの、建築を投資に向かわせる点で疑問も残る。建築はオーナーの建築への思いに支えられて、メンテナンスがされ、大事に使われる。時間とともに人びとに愛され、その場所に欠かせない、文化的価値が醸造されるものだ。しかしリートによって証券化されると、建築オーナーの存在は後退し、ビジネスライクに管理され、人びとの気持ちが通うようなものとはかけ離れてしまうデメリットがある。

一九八五年に経済特区を作ったドバイでは外国資本が一挙に流入し、不動産投資用の建物が雨後の筍《たけのこ》のごとく経済特区に建てられるようになった。筆者もその一つ、高さ五〇〇メートルを超える超高層ビルの設計に携わった経験がある。当時「ブルジュ・ハリファ」という超高層ビルの計画が発表されていた。高さは八二八メートルで世界一。筆者の担当した建物は世界二番を狙うものだった。設計途中でクライアントから高さをさらに数十メートル高くしたいと依頼された。理由は我々の設計している建物より数十メートル高い建物の計画を知ったからだそうだ。なんとしても三番を避けて二番になりたいという。建物が竣工した瞬間にリートとして売り出すためで、二番と三番では売値が変わるというのだ。

高い建物にオフィスを構えたい人は多い。高さは知名度に直結し、高級感の源泉である。建築がお金を産む道具としてだけ考えられていくと、失われるものは大きい。

スターアーキテクト

東京オリンピックの新国立競技場のデザインを決めるため、二〇一二年に国際コンペが安藤忠雄を審査委員長として行われた。最優秀作品として、イラン出身の女性建築家ザハ・ハディッドの案が選ばれた。しかし工費が予算を大きく超えることが懸念され、安倍晋三元首相がコンペのやり直しを指示した。

ザハ案は流線型が特徴で、それまでの彼女の建築の特徴を踏襲するものだった。ザハのようにデザインが斬新かつ派手であり、有名建築の設計経験があり、社会的に大きなインパクトを持つ建築家は、スターアーキテクトと呼ばれている。ザハをはじめとして、フランク・O・ゲーリー、ヘルツォーク&ド・ムーロン、安藤忠雄、SANAA、伊東豊雄といった名前があがる。

スターアーキテクトという呼び名は、シドニー大学教授ドナルド・マクニールによれば、ムービースターをイメージして付けられたものである。ムービースターのキャリアを眺めると、スターとして脚光を浴びるまでには複数回のヒットを積む必要があるとわかる。最初のヒットも、社会の隠れたニーズと俳優の役柄が思わぬ合致を見たときに生まれるものだ。

しかし二回目のヒットはどのようにして生まれるのか。プロデューサーは俳優に、次回作も一回目と同じキャラクターを求めるのだという。次回作でその俳優の役柄の幅を広げるようなことは考えない。キャラクターに商品価値が生まれたことがヒットによって保証されたわけだから、二番煎じが正解だと考えるのだ。

スターアーキテクトは、これと同じ仕組みで生まれているとマクニールは言う。つまり、ある建築家の作品が世界的に話題となることは、作品の商品価値が認められたに等しい。したがって建築のプロデューサーであるデベロッパーは次の開発に際して、その建築家に同じ

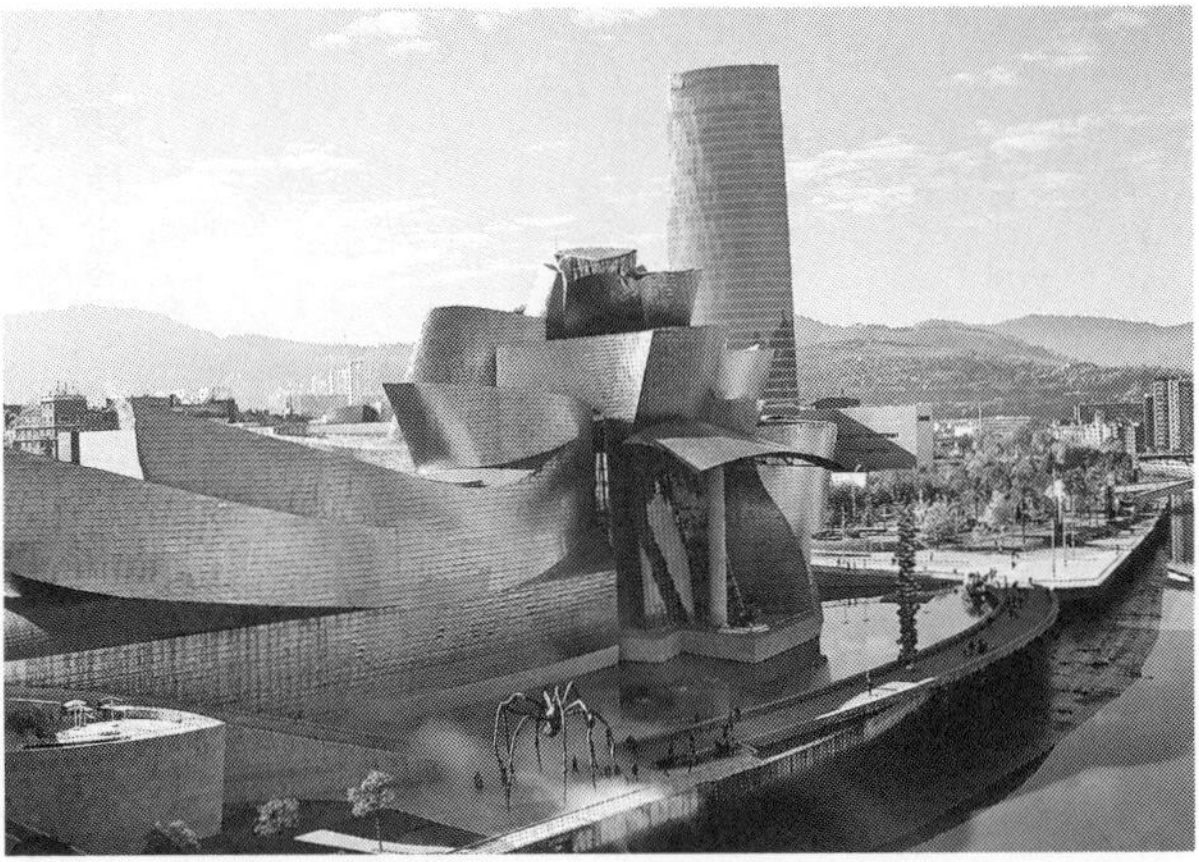

図11-17　フランク・O・ゲーリー「ビルバオ・グッゲンハイム美術館」
スペイン・ビルバオ、1997

デザインを要求するのだ。

スターアーキテクトのフランク・O・ゲーリーは、アメリカの建築評論家チャールズ・ジェンクスにこう語っている。ゲーリーはスペインのビルバオに曲面を多用したグッゲンハイム美術館（図11-17）を設計して、一躍世界的に有名になった。ジェンクスはゲーリーにこの美術館以降、大変忙しくなったでしょうねと質問をした。するとゲーリーは、「確かに忙しくなった。そして大変困ったことにその後の仕事はつねにビルバオのようなデザインをしてほしいと頼まれるのだ」という。

スターアーキテクトが誕生したのはすなわち、建築が商品化され、高く売れる、あるいは投資性の高い商品となることが強く期待されるようになってきたからである。見方を変えれば、柄谷行人の指摘するとおり、建築は経済を活性化させるために、有効な商品として交換され、利用されているのである。

終章　建築の基礎

本書のまえがきで、「まず基礎から始めよう」と呼びかけた。とはいえ基礎の範囲は広い。第一部の建築の見方は、美学的な知見である。第二部の建築の作り方は、工学的であり、哲学的でもある。第三部の建築の活かし方は、社会学的だ。もっとシンプルな建築のエッセンスが知りたいと思った方もいるかもしれない。しかしこれら三つの領域はどれも同じくらい大事である。加えて三つの領域は密接に関連しあい、互いに影響を及ぼしている。そしてこの三つ巴の関係こそが建築の基礎なのだ。終章では、全体の流れをおさらいしながら、本書のまとめとしたい。

「見る」「作る」「活かす」

本書は建築を見る、作る、活かすという三部構成とし、「見る」から始めた。読者の大部分の人に「見る」経験があると考えたからだ。それに比べると、「作る」行為は建築家が行うもの、「活かす」という現象は建築家に加えて歴史家、社会学者、経済学者などが事後的に建築から読み取るものであろう。

建築を「見る」人たちは、建築を前にして何かしらの感想を持つだろう。もしかすると単に見るだけではなく、それを毎日職場として使い、あるいは住宅として住んでいるかもしれない。だからそこで見たもの、経験したことはその人なりの満足度があり、上司や家族といった他人に感想を述べることもあるだろう。あるいは周りの人からその満足度を聞くこともあるはずだ。そして、そうした感想は自然と「作る」建築家にまで到達する。

建築の活かされ方を感得した研究者たちは、建築を歴史的、社会学的、経済学的に叙述するであろう。分析の範囲は広く、彼らの専門分野の知見を駆使したものとなる。きっと、この建築はいかなる意義や意味を持つのかということについても言及するだろう。そうした評価は同様に、「作る」建築家の耳には届くものだ。

つまり、「見る」と「活かす」は、「作る」にフィードバックされ、「作る」建築家の次なる設計の指針を方向づける。建築を「作る」ときには「理念」が要ることを第5章で述べた。理念は建築家の指針である。人びとの感想や研究者の評価が、理念に即したものであれば問題ない。ただ理念に反したものもある。そのとき、建築家は考える。果たしてそれを取り込むべきか否かを。取り込むとなった場合は理念を修正するのだから、感想や評価は「反理念」となる。だから理念と反理念はぶつかり合って、新たな理念となって生まれ変わる。正・反・合という弁証法的な運動が起こる。この運動が、建築を変容させていく大きなメカニズムであるのだ。

弁証法の始まり

大胆なことを言えば、建築の歴史は弁証法的に展開されてきた。おそらくそうした弁証法が始まったのは、人間の集団において、社会というシステム、文化という集合知、経済という生産・交換様式、政治を司《つかさど》る国家の体裁が備わってきた頃である。

その流れをもう少しつぶさに見てみよう。最初期の人間がはじめに利用した住居は、自然の洞窟であったとされている。外敵の侵入を防ぐために、人びとはどんどん奥へ洞窟を掘り進め、入り口付近には扉に類するものを設置した。そうした行為を建築的行為として考えてもよいだろう。すると洞窟を掘り進める行為が「作る」だとすれば、作られた建築を見て、使って満足度を語り合う「見る」という行為もあったに違いない。建築のはじまりにも、弁証法的な運動が観測されるのだ。しかしいまだ建築が活かされる社会は未成熟だ。

そののち人間は自然をそのまま使うのではなく、加工して、建築を作り始めた。住宅を作るさい、中東やアフリカでは固めた泥で壁や屋根を作り、日本では縄文時代に木材の掘立柱に梁を掛けて萱葺《かやぶ》き屋根を作った。ここでも「見る」人や「作る」人はいるが、いまだ社会の現れには至らない。

建築が「活かされる」時代を迎えるのは、日本で言えば七世紀後半に律令国家が生まれた頃であろう。中央集権化が進み、建築が権力メディアとなった。やがて建築を評価する技師や専門家が現れると、政治はますます建築に目を付け、アイコンやプロパガンダの道具として使用するようになる。

商品化の過熱

「見る」「作る」「活かす」という三つの行為が有機的に結ぶ弁証法的な運動は、建築史において重要な役割を演じてきた。

では、「見る」人びと、「活かす」を感得する研究者からのフィードバックは現代において、いかなる特徴を持つのだろうか。「見る」人からのフィードバックは、人びとの感想が集まってボトムアップ的に立ち上がるものだ。一つひとつが持つ力は小さいけれど、その数は多い。民主主義政治に似て、多くの人がある特定の意見を持てばその主張は強大になる。

他方、「活かす」からのフィードバックは政治や社会に起因するがゆえに、事象の数は少ないが、一つひとつが持つ力は大きい。資本主義国では経済が、社会主義国では政治が建築を先導してきたことは先述のとおりである。

現代日本で「作る」建築家を方向づける強いフィードバックは何かというと、それは経済である。つまり「見る」からのフィードバックではなく「活かす」からのフィードバックである。建築をめぐる商品交換の現象がますます進む。マルクスが指摘したように、経済という下部構造が建築という上部構造を規定しているということだ。経済に規定される建築のあり方は昨今強く顕在化している。第11章で、REIT（リート）という金融商品が建築を投資に向かわせることを述べた。しかし商品化が過度に進むと、商品価値を失った建築は放置されて捨てられてしまう。現在そうして壊されている建築がなんと多いことか。それをうまく回避する方法が果たしてあるのか。最後にその可能性に言及しておきたい。

建築の自律性

建築の商品化の動きは建築の外部（経済）から方向づけられるものであり、本書ではそのような作用を建築の他律性と呼んだ。よってこの他律性＝商品化を回避する方法は、建築の自律性を高めることである。

おそらく二つの方法がある。一つは、建築の投機性を成り立たせている、資本主義の仕組みに介入を試みることである。もう一つは、現状の資本主義を前提としたうえで、経済という下部構造に対して自律的な建築を構想してみることだ。

すなわち、二つの方法を総合すれば、建築と資本をある程度離して考えることである。つまり、建築の公共性を考慮して、資本を蓄積する道具として考えないようにすることだ。そのとき政治と経済には強い倫理観が求められる。その倫理観は、建築を見る人びとの建築リテラシーが高まるなかで、醸造されてくるのではないだろうか。本書はそのリテラシーの基礎を提供するものである。

あとがき

本書は建築を専門とする筆者が、一般の人向けに書いた初めての本である。入門書ということもあり包括的に建築を描くことにしたが、その書き方は建築学の常識とは少し異なる。

建築専門書のコーナーにある概説書は一般に建築学を大きく三つの分野に分ける。設計や歴史を学ぶ意匠・計画系、設備や衛生を扱う環境系、地震や風に対する強さを分析する構造系である。よって入門書を書くならこの三つの分野を満遍なく見渡し、第一部「意匠・計画」、第二部「構造」、第三部「設備」とするのが妥当なのだ。

しかし私はそうはせず、建築に関わる三つの側面「人が見る建築」、「建築家が作る建築」、「社会に活きる建築」を描くことにした。その理由は建築を建築の専門家の視点から見るだけではなく、他の多くの視点も含めて考えたいと思ったからだ。そのほうが一般の人向けの入門書として適切だからである。

ある学問領域を包括的に述べる本を書くには数名の専門家が集まって領域の全体性を確保するのが常道だ。しかし本書は新書で書くと決まったときから私一人の視線でまとめることにした。複数の専門家による包括的な書はそれぞれの領域の専門性が深掘りされるが、全体を貫く主張は生まれにくい。一人でまとめるなら専門外の部分は通説にとどまるもの、視線の一貫性が明瞭になる。それによって終章で、建築を作るという行為の弁証法的な仕組みを三部の構成からあぶり出すという大きな構図をつくることができた。そしてそれこそが、読者の皆さんにご理解いただきたいことである。皆さん一人ひとりの建築への理解と希望が、皆さん自身の住環境を変えていく力になるのである。

本書は中公新書の元編集長松室徹さんと近況を語り合っているときにふと最近思っている話題を述べたことに端を発する。書物にしてみたらというお誘いをいただき、編集部の胡逸高さんが担当になってくれた。本書の特徴である三部構成にたどり着いたのは胡さんの熱心な導きのおかげである。建築の入門書としてはユニークな構成となり、建築を新たな視線で見ることができた。この場を借りてお二人に御礼申し上げたい。

二〇二三年六月　　坂牛　卓

図版出典

図11-3　**迎賓・会議場（コンペ案）**　パオロ・ニコローゾ、桑木野幸司（訳）『建築家ムッソリーニ――独裁者が夢見たファシズムの都市』2010、白水社
図11-4　**ベルリン総統官邸内　モザイクの広間**　岸田日出刀『ナチス独逸の建築』1943、相模書房
図11-5　**ツェッペリン広場**　岸田日出刀『ナチス独逸の建築』1943、相模書房
図11-6　**帝室博物館（現東京国立博物館）**　creative commons, wiiii
図11-7　**中国国章**　JIANFEI ZHU, *Architecture of Modern China*. Routledge, 2009
図11-8　**人民英雄記念碑**　JIANFEI ZHU, *Architecture of Modern China*. Routledge, 2009
図11-9　**祖国の建築のイメージ**　JIANFEI ZHU, *Architecture of Modern China*. Routledge, 2009
図11-10　**人民大会堂**　JIANFEI ZHU, *Architecture of Modern China*. Routledge, 2009
図11-11　**中国国家博物館**　JIANFEI ZHU, *Architecture of Modern China*. Routledge, 2009
図11-12　**第三インターナショナル記念塔**　Richard Anderson, *Russia Modern Architecture in History*. Reaktion Books Ltd., 2015
図11-13　**ソビエト館**　Richard Anderson, *Russia Modern Architecture in History*. Reaktion Books Ltd., 2015
図11-14　**セントロソユース**　Richard Anderson, *Russia Modern Architecture in History*. Reaktion Books Ltd., 2015
図11-15　**ソビエト宮**　Richard Anderson, *Russia Modern Architecture in History*. Reaktion Books Ltd., 2015
図11-16　**モスクワ大学**　Richard Anderson, *Russia Modern Architecture in History*. Reaktion Books Ltd., 2015
図11-17　**ビルバオ・グッゲンハイム美術館**　坂牛卓

図6-11　**東京国際フォーラム　施設一覧図**　東京国際フォーラム web サイト

第7章

図7-1　**Fujimi Hut　現場写真**　坂牛卓
図7-2　**Fujimi Hut　現場写真**　坂牛卓
図7-3　**Fujimi Hut　模型写真**　坂牛卓
図7-4　**リーテム東京工場**　上田宏

第8章

図8-1　**世界平和記念聖堂**　creative commons, wiiii
図8-2　**UCLA建築都市計画学部棟**　UCLA webサイト
図8-3　**日比谷ダイビル　動物面**　坂牛卓
図8-4　**日比谷ダイビル　エントランスホール**　坂牛卓
図8-5　**旧富士製氷（リノベーション）**　坂牛卓

第9章

図9-1　**フラットアイアンビル**　public domain
図9-2　**エンパイア・ステート・ビルディング**　creative commons, jnyhwan
図9-3　**夏目漱石の家**　平井聖『図説日本住宅の歴史』1980、学芸出版社
図9-4　**リーテム東京工場**　上田宏
図9-5　**アルゼンチンのスラム Villa**　Roberto Busnelli
図9-6　**826Valencia**　826Valencia webサイト

第10章

図10-1　**サンタ・マリア・デル・フィオーレ大聖堂**　creative commons, Bruce Stokes
図10-2　**住宅第3号**　『A+U』1975年4月号
図10-3　**シーランチ**　creative commons, Frank Schulenburg
図10-4　**シャネル・スーツ**　creative commons, Mabalu
図10-5　**ローマ劇場**　creative commons, Xauxa
図10-6　**東京工業大学水力実験室**　東京工業大学水力実験室の保存に関する要望書添付写真

第11章

図11-1　**カサ・デル・ファッショ**　坂牛卓
図11-2　**イタリア文明宮（コンペ案）**　パオロ・ニコローゾ、桑木野幸司（訳）『建築家ムッソリーニ――独裁者が夢見たファシズムの都市』2010、白水社

図版出典

第3章

図3－1　**建築のオーダー**　public domain

図3－2　**高過庵**　creative commons, wiiii

図3－3　**17世紀のファッション　男性服女性服の比較**　J・アンダーソン・ブラック＆マッジ・ガーランド、山内沙織（訳）『ファッションの歴史　上・下』1985、PARCO出版

図3－4　**リナ・ロースの寝室**　エイドリアン・フォーティー、坂牛卓＆邉見浩久（監訳）『言葉と建築――語彙体系としてのモダニズム』2006、鹿島出版会

図3－5　**スケッチブック　1915年の一枚**　マーク・ウィグリー、坂牛卓＆邉見浩久ほか（訳）『白い壁、デザイナードレス――近代建築のファッション化』2021、鹿島出版会

図3－6　**ティーガウン**　マーク・ウィグリー、坂牛卓＆邉見浩久ほか（訳）『白い壁、デザイナードレス――近代建築のファッション化』2021、鹿島出版会

図3－7　**運動と風景**　川崎璃乃

図3－8　**フランク・O・ゲーリー自邸**　creative commons, I K'S World Trip

図3－9　**富久千代酒造　米倉庫**　y Ha architects

図3－10　**から傘の家**　能作文徳

図3－11　**ポンピドゥー・センター**　creative commons, Jean-Pierre Dalbéra

第5章

図5－1　**闉**　JIA MAGAZINE 379号（2020年10月号）

図5－2　**東雲キャナルコート**　『RIKEN YAMAMOTO――山本理顕の建築』2012、TOTO出版、山本理顕設計工場撮影

第6章

図6－1　**イメージスケッチ**　坂牛卓

図6－2　**構造スケッチ**　坂牛卓

図6－3　**軽井沢トンネル**　坂牛卓

図6－4　**素材感のある模型**　坂牛卓

図6－5　**シドニー・オペラハウス　遠い視点**　creative commons, Matthew Field

図6－6　**シドニー・オペラハウス　近い視点**　creative commons, gobeirne

図6－7　**バウハウス**　creative commons, Sludge G

図6－8　**シテ科学産業博物館**　creative commons, Guilhem Vellut

図6－9　**中銀カプセルタワービル**　creative commons, kakidai

図6－10　**ファンズワース邸**　creative commons, Benjamin Lipsman

図版出典

序　章

図序－１　**伊勢神宮御稲御倉**　creative commons, Jean Pierre Dalbéra
図序－２　**パンテオン**　creative commons, Gary Campbel－Hall
図序－３　**ファンズワース邸**　creative commons, Vicorgrigas
図序－４　**ベルサイユ宮殿**　creative commons, Eric Pouhier
図序－５　**河川管理人の家**　エミール・カウフマン『ルドゥーからル・コルビュジエまで――自律的建築の起源と展開』1992、中央公論美術出版、カバー挿絵
図序－６　**ロンシャンの礼拝堂**　中川宏文撮影
図序－７　**Ｍ２ビル**　public domain

第１章

図１－１　**ウィトルウィウス的人体図**　public domain
図１－２　**西洋美術館免震装置**　public domain
図１－３　**カーソンピリースコット百貨店**　creative commons, Esther Westerveld
図１－４　**帝国ホテル**　creative commons, Bariston
図１－５　**郵便貯金局**　creative commons, Jorge Royan
図１－６　**風の塔**　JIN HOSOYA
図１－７　**高層ホテルに取り付けられたオイルダンパー**　金箱構造設計事務所

第２章

図２－１　**秋のリズム #30**　Elizabeth Frank Modern Masters Series. Jackson Pollock, Abbeville Press, 1983
図２－２　**無題**　public domain
図２－３　**ルイジアナ美術館**　坂牛卓撮影
図２－４　**東京電機大学**　Maki and associates official siteより北嶋俊治撮影
図２－５　**最後の晩餐**　public domain
図２－６　**スペイン王国称揚**　ハル・フォスター（編）、榑沼範久（訳）『視覚論』2007、平凡社
図２－７　**デルフトの眺望**　public domain, 1661
図２－８　**青森県立美術館**　*Jun Aoki complete works 2*. Aomori museum of art INAX出版, 2006, 鈴木理策撮影

（翻訳）、鹿島出版会
吉永和加ほか『ポストモダニズム時代の倫理』2007、ナカニシヤ出版
ジョージ・マイアソン『エコロジーとポストモダンの終焉』2001、2007（翻訳）、岩波書店
レム・コールハース，太田佳代子ほか（訳）『S, M, L, XL+』1995、2015（翻訳）、ちくま学芸文庫
ソースティン・ヴェブレン、高哲男（訳）『有閑階級の理論』1899、1998（翻訳）、ちくま学芸文庫
坂牛卓『建築の条件』2017、LIXIL出版
成実弘至『20世紀のファッションの文化史――時代を作った10人』2007、河出書房新社
ジョアン・フィンケルシュタイン、成実弘至（訳）『ファッションの文化社会学』1996、2007（翻訳）、せりか書房
ハル・フォスター（編）、室井尚ほか（訳）『反美学――ポストモダンの諸相』1983、1987（翻訳）、勁草書房

第11章

山口定『ファシズム』2006、岩波現代文庫
パオロ・ニコローゾ、桑木野幸司（訳）『建築家ムッソリーニ――独裁者が夢見たファシズムの都市』2008、2010（翻訳）、白水社
ジョルジョ・チウッチ、鹿野正樹（訳）『建築家とファシズム――イタリアの建築と都市1922-1944』2002、2014（翻訳）、鹿島出版会
岸田日出刀『ナチス独逸の建築』1943、相模書房
八束はじめ＆小山明『未完の帝国――ナチス・ドイツの建築と都市』1991、福武書店
松井昭光（監修）＆本多昭一『近代日本建築運動史』2003、ドメス出版
井上章一『夢と魅惑の全体主義』2006、文春新書
井上章一『戦時下日本の建築家――アート・キッチュ・ジャパネスク』1995、朝日選書
柄谷行人『世界史の構造』2015、岩波現代文庫
JIANFEI ZHU, *Architecture of Modern China*. 2009, Routledge
Richard Anderson, *Russia Modern Architecture in History*. 2015, Reaktion Books Ltd.
Katherine Zubovich, *Moscow Monumental Soviet skyscrapers and urban life in Stalin's capital*. 2021, Princeton University Press

第5章
ジェフリー・スコット、坂牛卓&邉見浩久（監訳）『人間主義の建築——趣味の歴史をめぐる一考察』1914、2011（翻訳）、鹿島出版会
坂牛卓『建築家の基点——「1本の線」から「映画」まで、13人に聞く建築のはじまり』2022、彰国社
坂牛卓『建築の設計力』2020、彰国社

第6章
David E. Nye, *American Technological Sublime*. 1994, MIT Press.
ジョルジョ・ヴァザーリ『美術家列伝』2014（翻訳）、中央公論美術出版
L. B. アルベルティ、三輪福松（訳）『絵画論』1436、1971（翻訳）、中央公論美術出版
エイドリアン・フォーティー、坂牛卓&邉見浩久ほか（訳）『メディアとしてのコンクリート』2012、2016（翻訳）、鹿島出版会
ジョン・ロック、大槻春彦（訳）『人間知性論』1689、1972（翻訳）、岩波文庫

第8章
丸山雅子（監修）『日本近代建築家列伝』2017、鹿島出版会

第9章
坂牛卓『ニューヨークのスカイスクレーパー研究——スカイスクレーパーの高度性に関する研究』修士論文、1986、未刊行（東京工業大学へ提出）
多木浩二『モダニズムの神話』1985、青土社
上野千鶴子『家父長制と資本制——マルクス主義フェミニズムの地平』1990、岩波書店
平井聖『図説日本住宅の歴史』1980、学芸出版社
内田青蔵ほか『図説・近代日本住宅史』2008、鹿島出版会
浦本誉至史『江戸・東京の被差別部落の歴史』2003、明石書店
ホルヘ・アンソレーナ『世界の貧困問題と居住運動』2007、明石書店
YouTube, Refugees Welcome – Die Gärtnerei in Berlin、https://www.youtube.com/watch?v=ccdoa25jOyI
https://826valencia.org

第10章
A+U編集部『A+U』「特集＝現代アメリカの建築家11人——WHITE AND GREY」1975年4月号、エー・アンド・ユー
ジャン＝リュック・ナンシー（編）、港道隆&鵜飼哲ほか（訳）『主体の後に誰が来るのか？』1989、1996（翻訳）、現代企画室
デビッド・ワトキン、榎本弘之（訳）『モラリティと建築』1977、1981

槇文彦『残像のモダニズム』2017、岩波書店

第3章

ジョン・サマーソン、鈴木博之（訳）『古典主義建築の系譜』1963、1976（翻訳）、中央公論美術出版
エイドリアン・フォーティー、坂牛卓＆邉見浩久（監訳）『言葉と建築──語彙体系としてのモダニズム』2000、2005（翻訳）、鹿島出版会
谷川徹三『縄文的原型と弥生的原型』1971、岩波書店
真壁智治『カワイイパラダイムデザイン研究』2009、平凡社
ヨハン・ヨアヒム・ヴィンケルマン、澤柳大五郎（訳）『ギリシア芸術摸倣論』1976、座右宝刊行会
J・アンダーソン・ブラック＆マッジ・ガーランド、山内沙織（訳）『ファッションの歴史　上・下』1975、1985（翻訳）、PARCO出版
マーク・ウィグリー、坂牛卓＆邉見浩久ほか（訳）『白い壁、デザイナードレス──近代建築のファッション化』1995、2021（翻訳）、鹿島出版会
アン・ホランダー、中野香織（訳）『性とスーツ』1994、1997（翻訳）、白水社
アニェス・ロカモラ＆アネケ・スメリク（編）、蘆田裕史（監訳）『ファッションと哲学』2016、2018（翻訳）、フィルムアート社
西谷真理子（編）『相対性コム デ ギャルソン論──なぜ私たちはコム デ ギャルソンを語るのか』2012、フィルムアート社
ウー・ウェン『体と向き合う家ごはん』2021、扶桑社
有元葉子『ためない暮らし』2016、だいわ文庫
土井善晴＆中島岳志『料理と利他』2020、ミシマ社
坂本一成『住宅ー日常の詩学』2001、TOTO出版
沼野雄司『現代音楽史』2021、中公新書
ヘンリー＝ラッセル・ヒッチコック＆フィリップ・ジョンソン、武澤秀一（訳）『インターナショナル・スタイル』1932、1978（翻訳）、鹿島出版会
ハル・フォスター、瀧本雅志（訳）『アート建築複合態』2011、2014（翻訳）、鹿島出版会
レイナー・バンハム、岸和郎（訳）『建築とポップ・カルチュア』1981、1983（翻訳）、鹿島出版会

第4章

坂牛卓『建築の規則』2008、ナカニシヤ出版
井上充夫『建築美論の歩み』1991、鹿島出版会
ロバート・ヴェンチューリ、伊藤公文（訳）『建築の多様性と対立性』1966、1982（翻訳）、鹿島出版会

参考文献

序　章

海野聡『日本建築史講義』2022、学芸出版社
井上充夫『日本建築の空間』1969、SD選書
村松貞次郎『日本近代建築の歴史』1977、NHKブックス
中谷礼仁『実況・比較西洋建築史講義』2020、インスクリプト
中谷礼仁『実況・近代建築史講義』2020、インスクリプト
『図説正解建築史全16巻』2001-2003、本の友社
エミール・カウフマン、白井秀和（訳）『ルドゥーからル・コルビュジエまで――自律的建築の起源と展開』1933、1992（翻訳)、中央公論美術出版
チャールズ・ジェンクス、竹山実（訳）『ポスト・モダニズムの建築言語』1978、1978（翻訳)、エー・アンド・ユー

第1章

ウィトルウィウス、森田慶一（訳）『ウィトルーウィウス建築書』BC33-BC22、1979（翻訳)、東海大学出版会
オットー・ワーグナー、樋口清他（訳）『近代建築』1895、1984（翻訳)、中央公論美術出版
建築学編集委員会（編）『理工系の基礎　建築学』2016、丸善出版

第2章

イマヌエル・カント、篠田英雄（訳）『判断力批判』1790、1992（翻訳)、岩波文庫
クレメント・グリーンバーグ、藤枝晃雄（訳）『グリーンバーグ批評選集』2005（翻訳)、勁草書房
井上充夫『建築美論の歩み』1991、鹿島出版会
佐々木健一『美学辞典』1995、東京大学出版会
小田部胤久『西洋美学史』2009、東京大学出版会
ヴォリンガー、草薙正夫（訳）『抽象と感情移入』1908、1953（翻訳)、岩波文庫
原広司『建築に何が可能か』1967、学芸書林
ハインリヒ・ヴェルフリン、上松佑二（訳）『建築心理学序説』1946、1988（翻訳)、中央公論美術出版
ハル・フォスター（編)、榑沼範久（訳）『視覚論』1988、2007（翻訳)、平凡社
マルクス・ガブリエル、清水一浩（訳）『なぜ世界は存在しないのか』2015、2018（翻訳)、講談社選書メチエ

坂牛 卓（さかうし・たく）

1959年東京都生まれ．米カリフォルニア大学ロサンゼルス校大学院修了．東京工業大学大学院修了．博士（工学）．日建設計，信州大学工学部教授を経て，東京理科大学工学部建築学科教授．O.F.D.A.associates 主宰．主な作品に「長野県信用組合本社ビル」，「するが幼稚園」，「リーテム東京工場」（第４回芦原義信賞），「松ノ木のあるギャラリー」（インターナショナル・アーキテクチャー・アワード2015），「運動と風景」（SD 賞2017）．

著書『建築の規則』（ナカニシヤ出版，2008）
　『建築の条件』（LIXIL 出版，2017）
　『建築の設計力』（彰国社，2020）
　『会社を辞めて建築家になった』（フリックスタジオ，2023）

共訳書『言葉と建築』（エイドリアン・フォーティー，鹿島出版会，2005）
　『人間主義の建築』（ジェフリー・スコット，鹿島出版会，2011）
　『白い壁、デザイナードレス』（マーク・ウィグリー，鹿島出版会，2021）

教養《きょうよう》としての建築入門《けんちくにゅうもん》
中公新書 *2764*

2023年７月25日初版
2024年４月25日再版

著　者　坂牛　卓
発行者　安部順一

本文印刷　三晃印刷
カバー印刷　大熊整美堂
製　　本　小泉製本

発行所　中央公論新社
〒100-8152
東京都千代田区大手町 1-7-1
電話　販売 03-5299-1730
　　　編集 03-5299-1830
URL https://www.chuko.co.jp/

Published by CHUOKORON-SHINSHA, INC.
Printed in Japan　ISBN978-4-12-102764-1 C1252